Genossenschaftsgesetz

Textausgabe

mit Wohnungsgenossenschafts-Vermögensgesetz – WoGenVermG und Genossenschaftsregisterverordnung - GenRegV

Pessima tempora plurimae leges

Genossenschaftsgesetz

Textausgabe

mit Wohnungsgenossenschafts-Vermögensgesetz – WoGenVermG und Genossenschaftsregisterverordnung - GenRegV

Kontakt: www.deutscher-rechtstexte-verlag.de

Redaktion und Gestaltung: Deutscher Rechtstexte Verlag

Ext. Dienstleister für die Herstellung: Books on Demand - BoD Norderstedt

DRV | Im Borngrund 26 | 61440 Oberursel

Wir sind bemüht, ein ansprechendes Produkt zu gestalten, dass angemessenen Ansprüchen an das Preis/Leistungsverhältnis und vernünftigen Qualitätserwartungen gerecht wird. Konstruktive Anregungen nutzen wir gerne, um künftige Auflagen zu ergänzen und anzupassen. Kontaktieren Sie uns gerne über www.deutscher-rechtstexte-verlag.de

ISBN 9783947894642

Inhaltsverzeichnis

Genossenschaftsgesetz – GenG

Gesetz betreffend die Erwerbs- und Wirtschaftsgenossenschaften

Ausfertigungsdatum: 01.05.1889

Genossenschaftsgesetz in der Fassung der Bekanntmachung vom 16. Oktober 2006 (BGBl. I S. 2230), das zuletzt durch Artikel 6 des Gesetzes vom 20. Juli 2022 (BGBl. I S. 1166) geändert worden ist"; Neugefasst durch Bek. v. 16.10.2006 I 2230; zuletzt geändert durch Art. 67 G v. 10.8.2021 I 3436; Änderung durch Art. 7 G v. 15.7.2022 I 1146 (Nr. 26) textlich nachgewiesen; Änderung durch Art. 6 G v. 20.7.2022 I 1166 (Nr. 27) textlich nachgewiesen.

Fußnote (+++ Textnachweis ab: 1.1.1986 +++)
(+++ Zur Anwendung vgl. § 120 Abs. 2 (F 2014-12-10) +++)
(+++ Zur Anwendung vgl. § 167 +++)
(+++ Amtlicher Hinweis des Normgebers auf EG-Recht: Umsetzung der EGRL 43/2006 (CELEX Nr: 32006L0043) vgl. G v. 25.5.2009 I 1102 +++)

Kurzüberschrift u. Buchstabenabkürzung eingef. durch Art. 3 Abs. 1 Nr. 1 G v. 14.8.2006 I 1911 mWv 18.8.2006

Abschnitt 1
Errichtung der Genossenschaft

§ 1 Wesen der Genossenschaft

(1) Gesellschaften von nicht geschlossener Mitgliederzahl, deren Zweck darauf gerichtet ist, den Erwerb oder die Wirtschaft ihrer Mitglieder oder deren soziale oder kulturelle Belange durch gemeinschaftlichen Geschäftsbetrieb zu fördern (Genossenschaften), erwerben die Rechte einer "eingetragenen Genossenschaft" nach Maßgabe dieses Gesetzes.

(2) Eine Beteiligung an Gesellschaften und sonstigen Personenvereinigungen einschließlich der Körperschaften des öffentlichen Rechts ist zulässig, wenn sie

1. der Förderung des Erwerbes oder der Wirtschaft der Mitglieder der Genossenschaft oder deren sozialer oder kultureller Belange oder,

2. ohne den alleinigen oder überwiegenden Zweck der Genossenschaft zu bilden, gemeinnützigen Bestrebungen der Genossenschaft

zu dienen bestimmt ist.

§ 2 Haftung für Verbindlichkeiten

Für die Verbindlichkeiten der Genossenschaft haftet den Gläubigern nur das Vermögen der Genossenschaft.

§ 3 Firma der Genossenschaft

Die Firma der Genossenschaft muss, auch wenn sie nach § 22 des Handelsgesetzbuchs oder nach anderen gesetzlichen Vorschriften fortgeführt wird, die Bezeichnung "eingetragene Genossenschaft" oder die Abkürzung "eG" enthalten. § 30 des Handelsgesetzbuchs gilt entsprechend.

§ 4 Mindestzahl der Mitglieder

Die Zahl der Mitglieder muss mindestens drei betragen.

§ 5 Form der Satzung

Die Satzung der Genossenschaft bedarf der schriftlichen Form.

§ 6 Mindestinhalt der Satzung

Die Satzung muss enthalten:

1. die Firma und den Sitz der Genossenschaft;

2. den Gegenstand des Unternehmens;

3. Bestimmungen darüber, ob die Mitglieder für den Fall, dass die Gläubiger im Insolvenzverfahren über das Vermögen der Genossenschaft nicht befriedigt werden, Nachschüsse zur Insolvenzmasse unbeschränkt, beschränkt auf eine bestimmte Summe (Haftsumme) oder überhaupt nicht zu leisten haben;

4. Bestimmungen über die Form für die Einberufung der Generalversammlung der Mitglieder sowie für die Beurkundung ihrer Beschlüsse und über den Vorsitz in der Versammlung; die Einberufung der Generalversammlung muss durch unmittelbare Benachrichtigung sämtlicher Mitglieder in

Textform oder durch Bekanntmachung in einem öffentlichen Blatt erfolgen; das Gericht kann hiervon Ausnahmen zulassen; die Bekanntmachung im Bundesanzeiger oder in einem anderen öffentlich zugänglichen elektronischen Informationsmedium genügt nicht;

5. Bestimmungen über die Form der Bekanntmachungen der Genossenschaft sowie Bestimmung der öffentlichen Blätter für Bekanntmachungen, deren Veröffentlichung in öffentlichen Blättern durch Gesetz oder Satzung vorgeschrieben ist; als öffentliches Blatt kann die Satzung öffentlich zugängliche elektronische Informationsmedien bezeichnen.

§ 7 Weiterer zwingender Satzungsinhalt

Die Satzung muss ferner bestimmen:

1. den Betrag, bis zu welchem sich die einzelnen Mitglieder mit Einlagen beteiligen können (Geschäftsanteil), sowie die Einzahlungen auf den Geschäftsanteil, zu welchen jedes Mitglied verpflichtet ist; diese müssen bis zu einem Gesamtbetrage von mindestens einem Zehntel des Geschäftsanteils nach Betrag und Zeit bestimmt sein;

2. die Bildung einer gesetzlichen Rücklage, welche zur Deckung eines aus der Bilanz sich ergebenden Verlustes zu dienen hat, sowie die Art dieser Bildung, insbesondere den Teil des Jahresüberschusses, welcher in diese Rücklage einzustellen ist, und den Mindestbetrag der letzteren, bis zu dessen Erreichung die Einstellung zu erfolgen hat.

§ 7a Mehrere Geschäftsanteile; Sacheinlagen

(1) Die Satzung kann bestimmen, dass sich ein Mitglied mit mehr als einem Geschäftsanteil beteiligen darf. Die Satzung kann eine Höchstzahl festsetzen und weitere Voraussetzungen aufstellen.

(2) Die Satzung kann auch bestimmen, dass die Mitglieder sich mit mehreren Geschäftsanteilen zu beteiligen haben (Pflichtbeteiligung). Die Pflichtbeteiligung muss für alle Mitglieder gleich sein oder sich nach dem Umfang der Inanspruchnahme von Einrichtungen oder anderen Leistungen der Genossenschaft durch die Mitglieder oder nach bestimmten wirtschaftlichen Merkmalen der Betriebe der Mitglieder richten.

(3) Die Satzung kann Sacheinlagen als Einzahlungen auf den Geschäftsanteil zulassen.

§ 8 Satzungsvorbehalt für einzelne Bestimmungen

(1) Der Aufnahme in die Satzung bedürfen Bestimmungen, nach welchen:

1. die Genossenschaft auf eine bestimmte Zeit beschränkt wird;

2. Erwerb und Fortdauer der Mitgliedschaft an den Wohnsitz innerhalb eines bestimmten Bezirks geknüpft wird;

3. das Geschäftsjahr, insbesondere das erste, auf ein mit dem Kalenderjahr nicht zusammenfallendes Jahr oder auf eine kürzere Dauer als auf ein Jahr bemessen wird;

4. die Generalversammlung über bestimmte Gegenstände nicht mit einfacher, sondern mit einer größeren Mehrheit oder nach weiteren Erfordernissen beschließen kann;

5. die Ausdehnung des Geschäftsbetriebes auf Personen, welche nicht Mitglieder der Genossenschaft sind, zugelassen wird.

(2) Die Satzung kann bestimmen, dass Personen, die für die Nutzung oder Produktion der Güter und die Nutzung oder Erbringung der Dienste der Genossenschaft nicht in Frage kommen, als investierende Mitglieder zugelassen werden können. Sie muss durch geeignete Regelungen sicherstellen, dass investierende Mitglieder die anderen Mitglieder in keinem Fall überstimmen können und dass Beschlüsse der Generalversammlung, für die nach Gesetz oder Satzung eine Mehrheit von mindestens drei Vierteln der abgegebenen Stimmen vorgeschrieben ist, durch investierende Mitglieder nicht verhindert werden können; zu diesem Zweck kann die Satzung das Stimmrecht investierender Mitglieder auch ganz ausschließen. Die Zulassung eines investierenden Mitglieds bedarf der Zustimmung der Generalversammlung; abweichend hiervon kann die Satzung die Zustimmung des Aufsichtrats vorschreiben. Die Zahl der investierenden Mitglieder im Aufsichtsrat darf ein Viertel der Aufsichtsratsmitglieder nicht überschreiten.

§ 8a Mindestkapital

(1) In der Satzung kann ein Mindestkapital der Genossenschaft bestimmt werden, das durch die Auszahlung des Auseinandersetzungsguthabens von Mitgliedern, die ausgeschieden sind oder einzelne Geschäftsanteile gekündigt haben, nicht unterschritten werden darf.

(2) Bestimmt die Satzung ein Mindestkapital, ist die Auszahlung des Auseinandersetzungsguthabens ausgesetzt, solange durch die Auszahlung das Mindestkapital unterschritten würde. Das Nähere regelt die Satzung.

§ 9 Vorstand; Aufsichtsrat

(1) Die Genossenschaft muss einen Vorstand und einen Aufsichtsrat haben. Bei Genossenschaften mit nicht mehr als 20 Mitgliedern kann durch Bestimmung in der Satzung auf einen Aufsichtsrat verzichtet werden. In diesem Fall nimmt die Generalversammlung die Rechte und Pflichten des Aufsichtsrats wahr, soweit in diesem Gesetz nichts anderes bestimmt ist.

(2) Die Mitglieder des Vorstands und des Aufsichtsrats müssen Mitglieder der Genossenschaft und natürliche Personen sein. Gehören der Genossenschaft eingetragene Genossenschaften als Mitglieder an, können deren Mitglieder, sofern sie natürliche Personen sind, in den Vorstand oder Aufsichtsrat der Genossenschaft berufen werden; gehören der Genossenschaft andere juristische Personen oder Personengesellschaften an, gilt dies für deren zur Vertretung befugte Personen.

(3) Der Vorstand einer Genossenschaft, die der Mitbestimmung unterliegt, legt für den Frauenanteil in den beiden Führungsebenen unterhalb des Vorstands Zielgrößen fest. Die Zielgrößen müssen den angestrebten Frauenanteil an der jeweiligen Führungsebene beschreiben und bei Angaben in Prozent vollen Personenzahlen entsprechen. Legt der Vorstand für eine der Führungsebenen die Zielgröße Null fest, so hat er dies klar und verständlich zu begründen. Die Begründung muss ausführlich die Erwägungen darlegen, die der Entscheidung zugrunde liegen. Liegt der Frauenanteil bei Festlegung der Zielgrößen unter 30 Prozent, so dürfen die Zielgrößen den jeweils erreichten

Anteil nicht mehr unterschreiten. Gleichzeitig sind Fristen zur Erreichung der Zielgrößen festzulegen. Die Fristen dürfen jeweils nicht länger als fünf Jahre sein.

(4) Ist bei einer Genossenschaft, die der Mitbestimmung unterliegt, ein Aufsichtsrat bestellt, legt dieser für den Frauenanteil im Aufsichtsrat und im Vorstand Zielgrößen fest. Die Zielgrößen müssen den angestrebten Frauenanteil am jeweiligen Gesamtgremium beschreiben und bei Angaben in Prozent vollen Personenzahlen entsprechen. Legt der Aufsichtsrat für den Aufsichtsrat oder den Vorstand die Zielgröße Null fest, so hat er dies klar und verständlich zu begründen. Die Begründung muss ausführlich die Erwägungen darlegen, die der Entscheidung zugrunde liegen. Liegt der Frauenanteil bei Festlegung der Zielgrößen unter 30 Prozent, so dürfen die Zielgrößen den jeweils erreichten Anteil nicht mehr unterschreiten. Gleichzeitig sind Fristen zur Erreichung der Zielgrößen festzulegen. Die Fristen dürfen jeweils nicht länger als fünf Jahre sein.

§ 10 Genossenschaftsregister

(1) Die Satzung sowie die Mitglieder des Vorstands sind in das Genossenschaftsregister bei dem Gericht einzutragen, in dessen Bezirk die Genossenschaft ihren Sitz hat.

(2) Andere Datensammlungen dürfen nicht unter Verwendung oder Beifügung der Bezeichnung "Genossenschaftsregister" in den Verkehr gebracht werden.

§ 11 Anmeldung der Genossenschaft

(1) Der Vorstand hat die Genossenschaft bei dem Gericht zur Eintragung in das Genossenschaftsregister anzumelden.

(2) Der Anmeldung sind beizufügen:

1. die Satzung, die von mindestens drei Mitgliedern unterzeichnet sein muss;

2. eine Abschrift der Urkunden über die Bestellung des Vorstands und des Aufsichtsrats;

3. die Bescheinigung eines Prüfungsverbandes, dass die Genossenschaft zum Beitritt zugelassen ist, sowie eine gutachtliche Äußerung des Prüfungsverbandes, ob nach den persönlichen oder wirtschaftlichen Verhältnissen, insbesondere der Vermögenslage der Genossenschaft, eine Gefährdung der Belange der Mitglieder oder der Gläubiger der Genossenschaft zu besorgen ist.

(3) In der Anmeldung ist ferner anzugeben, welche Vertretungsbefugnis die Vorstandsmitglieder haben.

(4) Für die Einreichung von Unterlagen nach diesem Gesetz gilt § 12 Abs. 2 des Handelsgesetzbuchs entsprechend.

(5) (weggefallen)

§ 11a Prüfung durch das Gericht

(1) Das Gericht hat zu prüfen, ob die Genossenschaft ordnungsmäßig errichtet und angemeldet ist. Ist dies nicht der Fall, so hat es die Eintragung abzulehnen.

(2) Das Gericht hat die Eintragung auch abzulehnen, wenn offenkundig oder auf Grund der gutachtlichen Äußerung des Prüfungsverbandes eine Gefährdung der Belange der Mitglieder oder der Gläubiger der Genossenschaft zu besorgen ist. Gleiches gilt, wenn der Prüfungsverband erklärt, dass Sacheinlagen überbewertet worden sind.

(3) Wegen einer mangelhaften, fehlenden oder nichtigen Bestimmung der Satzung darf das Gericht die Eintragung nach Absatz 1 nur ablehnen, soweit diese Bestimmung, ihr Fehlen oder ihre Nichtigkeit

1. Tatsachen oder Rechtsverhältnisse betrifft, die nach den §§ 6 und 7 oder auf Grund anderer zwingender gesetzlicher Vorschriften in der Satzung bestimmt sein müssen oder die in das Genossenschaftsregister einzutragen oder von dem Gericht bekannt zu machen sind,

2. Vorschriften verletzt, die ausschließlich oder überwiegend zum Schutze der Gläubiger der Genossenschaft oder sonst im öffentlichen Interesse gegeben sind, oder

3. die Nichtigkeit der Satzung zur Folge hat.

§ 12 Veröffentlichung der Satzung

Die eingetragene Satzung ist von dem Gericht zu veröffentlichen.

§ 13 Rechtszustand vor der Eintragung

Vor der Eintragung in das Genossenschaftsregister ihres Sitzes hat die Genossenschaft die Rechte einer eingetragenen Genossenschaft nicht.

§ 14 Errichtung einer Zweigniederlassung

(1) Die Errichtung einer Zweigniederlassung ist vom Vorstand beim Gericht des Sitzes der Genossenschaft unter Angabe des Ortes der Zweigniederlassung und eines Zusatzes, falls der Firma der Zweigniederlassung ein solcher beigefügt wird, zur Eintragung in das Genossenschaftsregister anzumelden. In gleicher Weise sind spätere Änderungen der die Zweigniederlassung betreffenden einzutragenden Tatsachen anzumelden.

(2) Das zuständige Gericht trägt die Zweigniederlassung auf dem Registerblatt des Sitzes unter Angabe des Ortes der Zweigniederlassung und des Zusatzes, falls der Firma der Zweigniederlassung ein solcher beigefügt ist, ein, es sei denn, die Zweigniederlassung ist offensichtlich nicht errichtet worden.

(3) Die vorstehenden Vorschriften gelten sinngemäß für die Aufhebung einer Zweigniederlassung.

§ 14a (weggefallen)

-

§ 15 Beitrittserklärung

(1) Die Mitgliedschaft wird durch eine schriftliche, unbedingte Beitrittserklärung und die Zulassung des Beitritts durch die Genossenschaft erworben. Dem Antragsteller ist vor Abgabe seiner Beitrittserklärung eine Abschrift der Satzung in der jeweils geltenden Fassung zur Verfügung zu stellen; es reicht aus, wenn die Satzung im Internet unter der Adresse der Genossenschaft abrufbar ist und dem Antragsteller ein Ausdruck der Satzung angeboten wird. Eine Vollmacht zur Abgabe der Beitrittserklärung bedarf der Schriftform. Bei Gründungsmitgliedern kann die Mitgliedschaft statt durch Beitrittserklärung durch Unterzeichnung der Satzung erworben werden.

(2) Das Mitglied ist unverzüglich in die Mitgliederliste einzutragen und hiervon unverzüglich zu benachrichtigen. Lehnt die Genossenschaft die Zulassung ab, hat sie dies dem Antragsteller unverzüglich unter Rückgabe seiner Beitrittserklärung mitzuteilen.

§ 15a Inhalt der Beitrittserklärung

Die Beitrittserklärung muss die ausdrückliche Verpflichtung des Mitglieds enthalten, die nach Gesetz und Satzung geschuldeten Einzahlungen auf den Geschäftsanteil zu leisten. Bestimmt die Satzung, dass die Mitglieder unbeschränkt oder beschränkt auf eine Haftsumme Nachschüsse zu leisten haben, so muss die Beitrittserklärung ferner die ausdrückliche Verpflichtung enthalten, die zur Befriedigung der Gläubiger erforderlichen Nachschüsse unbeschränkt oder bis zu der in der Satzung bestimmten Haftsumme zu zahlen. Bestimmt die Satzung weitere Zahlungspflichten oder eine Kündigungsfrist von mehr als einem Jahr, so muss dies in der Beitrittserklärung ausdrücklich zur Kenntnis genommen werden.

§ 15b Beteiligung mit weiteren Geschäftsanteilen

(1) Zur Beteiligung mit weiteren Geschäftsanteilen bedarf es einer schriftlichen und unbedingten Beitrittserklärung. Für deren Inhalt gilt § 15a entsprechend.

(2) Die Beteiligung mit weiteren Geschäftsanteilen darf, außer bei einer Pflichtbeteiligung, nicht zugelassen werden, bevor alle Geschäftsanteile des Mitglieds, bis auf den zuletzt neu übernommenen, voll eingezahlt sind.

(3) Die Beteiligung mit weiteren Geschäftsanteilen wird mit der Beitrittserklärung nach Absatz 1 und der Zulassung durch die Genossenschaft wirksam. § 15 Abs. 2 gilt entsprechend.

§ 16 Änderung der Satzung

(1) Eine Änderung der Satzung oder die Fortsetzung einer auf bestimmte Zeit beschränkten Genossenschaft kann nur durch die Generalversammlung beschlossen werden.

(2) Für folgende Änderungen der Satzung bedarf es einer Mehrheit, die mindestens drei Viertel der abgegebenen Stimmen umfasst:

1. Änderung des Gegenstandes des Unternehmens,

2. Erhöhung des Geschäftsanteils,

3. Einführung oder Erweiterung einer Pflichtbeteiligung mit mehreren Geschäftsanteilen,

4. Einführung oder Erweiterung der Verpflichtung der Mitglieder zur Leistung von Nachschüssen,

5. Verlängerung der Kündigungsfrist auf eine längere Frist als zwei Jahre,

6. Einführung oder Erweiterung der Beteiligung ausscheidender Mitglieder an der Ergebnisrücklage nach § 73 Abs. 3,

7. Einführung oder Erweiterung von Mehrstimmrechten,

8. Zerlegung von Geschäftsanteilen,

9. Einführung oder Erhöhung eines Mindestkapitals,

10. Einschränkung des Anspruchs des Mitglieds nach § 73 Abs. 2 Satz 2 und Abs. 4 auf Auszahlung des Auseinandersetzungsguthabens,

11. Einführung der Möglichkeit nach § 8 Abs. 2 Satz 1 und 2, investierende Mitglieder zuzulassen.

Die Satzung kann eine größere Mehrheit und weitere Erfordernisse bestimmen.

(3) Zu einer Änderung der Satzung, durch die eine Verpflichtung der Mitglieder zur Inanspruchnahme von Einrichtungen oder anderen Leistungen der Genossenschaft oder zur Leistung von Sachen oder Diensten eingeführt oder erweitert wird, bedarf es einer Mehrheit, die mindestens neun Zehntel der abgegebenen Stimmen umfasst. Zu einer Änderung der Satzung, durch die eine Verpflichtung der Mitglieder zur Zahlung laufender Beiträge für Leistungen, welche die Genossenschaft den Mitgliedern erbringt oder zur Verfügung stellt, eingeführt oder erweitert wird, bedarf es einer Mehrheit von mindestens drei Vierteln der abgegebenen Stimmen. Die Satzung kann eine größere Mehrheit und weitere Erfordernisse bestimmen.

(4) Zu sonstigen Änderungen der Satzung bedarf es einer Mehrheit, die mindestens drei Viertel der abgegebenen Stimmen umfasst, sofern nicht die Satzung andere Erfordernisse aufstellt.

(5) Auf die Anmeldung und Eintragung des Beschlusses finden die Vorschriften des § 11 mit der Maßgabe entsprechende Anwendung, dass der Anmeldung der Beschluss nur in Abschrift beizufügen ist. Der Anmeldung ist der vollständige Wortlaut der Satzung beizufügen; er muss mit der Erklärung des Vorstands versehen sein, dass die geänderten Bestimmungen der Satzung mit dem Beschluss über die Satzungsänderung und die unveränderten Bestimmungen mit dem zuletzt zum Register eingereichten vollständigen Wortlaut der Satzung übereinstimmen. Ist bei Satzungsänderungen der vollständige Wortlaut der Satzung bisher nicht eingereicht worden, so hat der Vorstand zu erklären, dass der eingereichte Wortlaut der Satzung mit dem zuletzt zum Register eingereichten vollständigen Wortlaut der Satzung und allen seither beschlossenen Änderungen übereinstimmt.

(6) Der Beschluss hat keine rechtliche Wirkung, bevor er in das Genossenschaftsregister des Sitzes der Genossenschaft eingetragen ist.

Abschnitt 2
Rechtsverhältnisse der Genossenschaft und ihrer Mitglieder

§ 17 Juristische Person; Formkaufmann

(1) Die eingetragene Genossenschaft als solche hat selbständig ihre Rechte und Pflichten; sie kann Eigentum und andere dingliche Rechte an Grundstücken erwerben, vor Gericht klagen und verklagt werden.

(2) Genossenschaften gelten als Kaufleute im Sinne des Handelsgesetzbuchs.

§ 18 Rechtsverhältnis zwischen Genossenschaft und Mitgliedern

Das Rechtsverhältnis der Genossenschaft und ihrer Mitglieder richtet sich zunächst nach der Satzung. Diese darf von den Bestimmungen dieses Gesetzes nur insoweit abweichen, als dies ausdrücklich für zulässig erklärt ist.

§ 19 Gewinn- und Verlustverteilung

(1) Der bei Feststellung des Jahresabschlusses für die Mitglieder sich ergebende Gewinn oder Verlust des Geschäftsjahres ist auf diese zu verteilen. Die Verteilung geschieht für das erste Geschäftsjahr nach dem Verhältnis ihrer auf den Geschäftsanteil geleisteten Einzahlungen, für jedes folgende nach dem Verhältnis ihrer durch die Zuschreibung von Gewinn oder die Abschreibung von Verlust zum Schluss des vorhergegangenen Geschäftsjahres ermittelten Geschäftsguthaben. Die Zuschreibung des Gewinns erfolgt so lange, als nicht der Geschäftsanteil erreicht ist.

(2) Die Satzung kann einen anderen Maßstab für die Verteilung von Gewinn und Verlust aufstellen und bestimmen, inwieweit der Gewinn vor Erreichung des Geschäftsanteils an die Mitglieder auszuzahlen ist. Bis zur Wiederergänzung eines durch Verlust verminderten Guthabens findet eine Auszahlung des Gewinns nicht statt.

§ 20 Ausschluss der Gewinnverteilung

Die Satzung kann bestimmen, dass der Gewinn nicht verteilt, sondern der gesetzlichen Rücklage und anderen Ergebnisrücklagen zugeschrieben wird. Die Satzung kann ferner bestimmen, dass der Vorstand einen Teil des Jahresüberschusses, höchstens jedoch die Hälfte, in die Ergebnisrücklagen einstellen kann.

§ 21 Verbot der Verzinsung der Geschäftsguthaben

(1) Für das Geschäftsguthaben werden vorbehaltlich des § 21a Zinsen von bestimmter Höhe nicht vergütet, auch wenn das Mitglied Einzahlungen in höheren als den geschuldeten Beträgen geleistet hat.

(2) Auch können Mitglieder, welche mehr als die geschuldeten Einzahlungen geleistet haben, im Falle eines Verlustes andere Mitglieder nicht aus dem Grunde in Anspruch nehmen, dass von letzteren nur diese Einzahlungen geleistet sind.

§ 21a Ausnahmen vom Verbot der Verzinsung

(1) Die Satzung kann bestimmen, dass die Geschäftsguthaben verzinst werden. Bestimmt die Satzung keinen festen Zinssatz, muss sie einen Mindestzinssatz festsetzen. Die Zinsen berechnen sich nach dem Stand der Geschäftsguthaben am Schluss des vorhergegangenen Geschäftsjahres. Sie sind spätestens sechs Monate nach Schluss des Geschäftsjahres auszuzahlen, für das sie gewährt werden.

(2) Ist in der Bilanz der Genossenschaft für ein Geschäftsjahr ein Jahresfehlbetrag oder ein Verlustvortrag ausgewiesen, der ganz oder teilweise durch die Ergebnisrücklagen, einen Jahresüberschuss und einen Gewinnvortrag nicht gedeckt ist, so dürfen in Höhe des nicht gedeckten Betrags Zinsen für dieses Geschäftsjahr nicht gezahlt werden.

§ 21b Mitgliederdarlehen

(1) Zum Zweck der Finanzierung oder Modernisierung von zu ihrem Anlagevermögen gehörenden Gegenständen kann eine Genossenschaft, auch wenn sie über keine Erlaubnis zum Betreiben des Einlagengeschäfts nach dem Kreditwesengesetz verfügt, Darlehen ihrer Mitglieder entgegennehmen, wenn

1. im Darlehensvertrag vereinbart ist, dass das Darlehen zweckgebunden nur zugunsten eines konkreten Investitionsvorhabens der Genossenschaft in ihr Anlagevermögen verwendet werden darf,

2. die Darlehenssumme beim jeweiligen Mitglied, sofern es kein Unternehmer ist, 25 000 Euro nicht übersteigt,

3. der Gesamtbetrag sämtlicher von Genossenschaftsmitgliedern zu dem in Nummer 1 genannten Zweck gewährten Darlehen 2,5 Millionen Euro nicht übersteigt und

4. der vereinbarte jährliche Sollzinssatz den höheren der folgenden beiden Werte nicht übersteigt:

a) 1,5 Prozent,

b) die marktübliche Emissionsrendite für Anlagen am Kapitalmarkt in Hypothekenpfandbriefen mit gleicher Laufzeit.

(2) Der Vorstand der Genossenschaft hat dafür zu sorgen, dass den Mitgliedern der Genossenschaft vor Vertragsschluss die wesentlichen Informationen über das Investitionsvorhaben sowie mögliche Risiken aus der Darlehensgewährung zur Verfügung gestellt werden.

(3) Der Vorstand hat während der gesamten Laufzeit des Darlehens die Einhaltung der Zweckbindung sicherzustellen. Eine Änderung der Zweckbindung zugunsten eines anderen zulässigen Investitionsvorhabens der Genossenschaft ist nur gestattet, wenn das jeweilige Mitglied der Änderung schriftlich zustimmt, nachdem es die wesentlichen Informationen über das andere Investitionsvorhaben erhalten hat.

(4) Das Mitglied ist an seine Willenserklärung, die auf den Abschluss des Darlehensvertrags gerichtet ist, nicht mehr gebunden, wenn es sie fristgerecht in Textform gegenüber der Genossenschaft widerrufen hat. Der Widerruf muss keine Begründung enthalten. Die Widerrufsfrist beträgt 14 Tage. Sie beginnt mit Vertragsschluss, wenn der Vertrag einen deutlichen Hinweis auf das Widerrufsrecht enthält, sonst zu dem Zeitpunkt, zu dem das Mitglied einen solchen Hinweis in Textform erhält. Ist der Beginn der Widerrufsfrist streitig, so trifft die Beweislast die Genossenschaft. Das Widerrufsrecht erlischt spätestens zwölf Monate nach dem Vertragsschluss. Zur Fristwahrung genügt die rechtzeitige Absendung des Widerrufs. Im Fall des Widerrufs ist der empfangene Darlehensbetrag unverzüglich zurückzugewähren. Für den Zeitraum zwischen der Auszahlung des Darlehensbetrages des Mitglieds an die Genossenschaft und der Rückzahlung an das Mitglied hat die Genossenschaft den vereinbarten Sollzinssatz zu zahlen.

§ 22 Herabsetzung des Geschäftsanteils; Verbot der Auszahlung des Geschäftsguthabens

(1) Werden der Geschäftsanteil oder die auf ihn zu leistenden Einzahlungen herabgesetzt oder die für die Einzahlungen festgesetzten Fristen verlängert, so ist der wesentliche Inhalt des Beschlusses der Generalversammlung durch das Gericht in einer Bekanntmachung zu der Eintragung in das Genossenschaftsregister anzugeben.

(2) Den Gläubigern der Genossenschaft ist, wenn sie sich binnen sechs Monaten nach der Bekanntmachung bei der Genossenschaft zu diesem Zweck melden, Sicherheit zu leisten, soweit sie nicht Befriedigung verlangen können. In der Bekanntmachung ist darauf hinzuweisen. Das Recht, Sicherheitsleistung zu verlangen, steht Gläubigern nicht zu, die im Fall der Insolvenz ein Recht auf vorzugsweise Befriedigung aus einer Deckungsmasse haben, die nach gesetzlicher Vorschrift zu ihrem Schutz errichtet und staatlich überwacht ist.

(3) Mitglieder, die zur Zeit der Eintragung des Beschlusses der Genossenschaft angehörten, können sich auf die Änderung erst berufen, wenn die Bekanntmachung erfolgt ist und die Gläubiger, die sich rechtzeitig gemeldet haben, wegen der erhobenen Ansprüche befriedigt oder sichergestellt sind.

(4) Das Geschäftsguthaben eines Mitglieds darf, solange es nicht ausgeschieden ist, von der Genossenschaft nicht ausgezahlt oder im geschäftlichen Betrieb zum Pfand genommen, eine geschuldete Einzahlung darf nicht erlassen werden. Die Genossenschaft darf den Mitgliedern keinen Kredit zum Zweck der Leistung von Einzahlungen auf den Geschäftsanteil gewähren.

(5) Gegen eine geschuldete Einzahlung kann das Mitglied nicht aufrechnen.

(6) Der Anspruch der Genossenschaft auf Leistung von Einzahlungen auf den Geschäftsanteil verjährt in zehn Jahren von seiner Entstehung an. Wird das Insolvenzverfahren über das Vermögen der Genossenschaft eröffnet, so tritt die Verjährung nicht vor Ablauf von sechs Monaten ab dem Zeitpunkt der Eröffnung ein.

§ 22a Nachschusspflicht

(1) Wird die Verpflichtung der Mitglieder, Nachschüsse zur Insolvenzmasse zu leisten, auf eine Haftsumme beschränkt oder aufgehoben, so gilt § 22 Abs. 1 bis 3 sinngemäß.

(2) Die Einführung oder Erweiterung der Verpflichtung zur Leistung von Nachschüssen wirkt nicht gegenüber Mitgliedern, die bei Wirksamwerden der Änderung der Satzung bereits aus der Genossenschaft ausgeschieden waren.

§ 22b Zerlegung des Geschäftsanteils

(1) Der Geschäftsanteil kann in mehrere Geschäftsanteile zerlegt werden. Die Zerlegung und eine ihr entsprechende Herabsetzung der Einzahlungen gelten nicht als Herabsetzung des Geschäftsanteils oder der Einzahlungen.

(2) Mit der Eintragung des Beschlusses über die Zerlegung des Geschäftsanteils sind die Mitglieder mit der Zahl von Geschäftsanteilen beteiligt, die sich aus der Zerlegung ergibt. § 15b Abs. 3 ist nicht anzuwenden. Die Mitgliederliste ist unverzüglich zu berichtigen.

§ 23 Haftung der Mitglieder

(1) Für die Verbindlichkeiten der Genossenschaft haften die Mitglieder nach Maßgabe dieses Gesetzes.

(2) Wer in die Genossenschaft eintritt, haftet auch für die vor seinem Eintritt eingegangenen Verbindlichkeiten.

(3) Vereinbarungen, die gegen die vorstehenden Absätze verstoßen, sind unwirksam.

Abschnitt 3
Verfassung der Genossenschaft

§ 24 Vorstand

(1) Die Genossenschaft wird durch den Vorstand gerichtlich und außergerichtlich vertreten. Hat eine Genossenschaft keinen Vorstand (Führungslosigkeit), wird die Genossenschaft für den Fall, dass ihr gegenüber Willenserklärungen abgegeben oder Schriftstücke zugestellt werden, durch den Aufsichtsrat vertreten.

(2) Der Vorstand besteht aus zwei Personen und wird von der Generalversammlung gewählt und abberufen. Die Satzung kann eine höhere Personenzahl sowie eine andere Art der Bestellung und Abberufung bestimmen. Bei Genossenschaften mit nicht mehr als 20 Mitgliedern kann die Satzung bestimmen, dass der Vorstand aus einer Person besteht.

(3) Die Mitglieder des Vorstands können besoldet oder unbesoldet sein. Ihre Bestellung ist zu jeder Zeit widerruflich, unbeschadet der Entschädigungsansprüche aus bestehenden Verträgen.

§ 25 Vertretung, Zeichnung durch Vorstandsmitglieder

(1) Die Mitglieder des Vorstands sind nur gemeinschaftlich zur Vertretung der Genossenschaft befugt. Die Satzung kann Abweichendes bestimmen. Ist eine Willenserklärung gegenüber der Genossenschaft abzugeben, so genügt die Abgabe gegenüber einem Vorstandsmitglied oder im Fall des § 24 Abs. 1 Satz 2 gegenüber einem Aufsichtsratsmitglied.

(2) Die Satzung kann auch bestimmen, dass einzelne Vorstandsmitglieder allein oder in Gemeinschaft mit einem Prokuristen zur Vertretung der Genossenschaft befugt sind. Absatz 1 Satz 3 gilt in diesen Fällen sinngemäß.

(3) Zur Gesamtvertretung befugte Vorstandsmitglieder können einzelne von ihnen zur Vornahme bestimmter Geschäfte oder bestimmter Arten von Geschäften ermächtigen. Dies gilt sinngemäß, falls ein einzelnes Vorstandsmitglied in Gemeinschaft mit einem Prokuristen zur Vertretung der Genossenschaft befugt ist.

(4) (weggefallen)

§ 25a Angaben auf Geschäftsbriefen

(1) Auf allen Geschäftsbriefen gleichviel welcher Form, die an einen bestimmten Empfänger gerichtet werden, müssen die Rechtsform und der Sitz der Genossenschaft, das Registergericht des Sitzes der Genossenschaft und die Nummer, unter der die Genossenschaft in das Genossenschaftsregister eingetragen ist, sowie alle Vorstandsmitglieder und, sofern der Aufsichtsrat einen Vorsitzenden hat, dieser mit dem Familiennamen und mindestens einem ausgeschriebenen Vornamen angegeben werden.

(2) Der Angaben nach Absatz 1 bedarf es nicht bei Mitteilungen oder Berichten, die im Rahmen einer bestehenden Geschäftsverbindung ergehen und für die üblicherweise Vordrucke verwendet werden, in denen lediglich die im Einzelfall erforderlichen besonderen Angaben eingefügt zu werden brauchen.

(3) Bestellscheine gelten als Geschäftsbriefe im Sinne des Absatzes 1. Absatz 2 ist auf sie nicht anzuwenden.

§ 26 Vertretungsbefugnis des Vorstands

(1) Die Genossenschaft wird durch die von dem Vorstand in ihrem Namen geschlossenen Rechtsgeschäfte berechtigt und verpflichtet; es ist gleichgültig, ob das Geschäft ausdrücklich im Namen der Genossenschaft geschlossen worden ist, oder ob die Umstände ergeben, dass es nach dem Willen der Vertragschließenden für die Genossenschaft geschlossen werden sollte.

(2) Zur Legitimation des Vorstands Behörden gegenüber genügt eine Bescheinigung des Registergerichts, dass die darin zu bezeichnenden Personen als Mitglieder des Vorstands in das Genossenschaftsregister eingetragen sind.

§ 27 Beschränkung der Vertretungsbefugnis

(1) Der Vorstand hat die Genossenschaft unter eigener Verantwortung zu leiten. Er hat dabei die Beschränkungen zu beachten, die durch die Satzung festgesetzt worden sind. Bei Genossenschaften mit nicht mehr als 20 Mitgliedern kann die Satzung vorsehen, dass der Vorstand an Weisungen der Generalversammlung gebunden ist.

(2) Gegen dritte Personen hat eine Beschränkung der Befugnis des Vorstands, die Genossenschaft zu vertreten, keine rechtliche Wirkung. Dies gilt insbesondere für den Fall, dass die Vertretung sich nur auf bestimmte Geschäfte oder Arten von Geschäften erstrecken oder nur unter bestimmten Umständen oder für eine bestimmte Zeit oder an einzelnen Orten stattfinden soll oder dass die Zustimmung der Generalversammlung, des Aufsichtsrats oder eines anderen Organs der Genossenschaft für einzelne Geschäfte erforderlich ist.

§ 28 Änderung des Vorstands und der Vertretungsbefugnis

Jede Änderung des Vorstands oder der Vertretungsbefugnis eines Vorstandsmitglieds hat der Vorstand zur Eintragung in das Genossenschaftsregister anzumelden. Der Anmeldung sind die Urkunden über die Änderung in Urschrift oder Abschrift beizufügen.

§ 29 Publizität des Genossenschaftsregisters

(1) Solange eine Änderung des Vorstands oder der Vertretungsbefugnis eines Vorstandsmitglieds nicht in das Genossenschaftsregister eingetragen und bekannt gemacht ist, kann sie von der Genossenschaft einem Dritten nicht entgegengesetzt werden, es sei denn, dass sie diesem bekannt war.

(2) Ist die Änderung eingetragen und bekannt gemacht worden, so muss ein Dritter sie gegen sich gelten lassen. Dies gilt nicht bei Rechtshandlungen, die innerhalb von fünfzehn Tagen nach der Bekanntmachung vorgenommen werden, sofern der Dritte beweist, dass er die Änderung weder kannte noch kennen musste.

(3) Ist die Änderung unrichtig eingetragen, so kann sich ein Dritter auf die Eintragung der Änderung berufen, es sei denn, dass er die Unrichtigkeit kannte.

(4) (weggefallen)

§ 30 Mitgliederliste

(1) Der Vorstand ist verpflichtet, die Mitgliederliste zu führen.

(2) In die Mitgliederliste ist jedes Mitglied der Genossenschaft mit folgenden Angaben einzutragen:

1. Familienname, Vornamen und Anschrift, bei juristischen Personen und Personenhandelsgesellschaften Firma und Anschrift, bei anderen Personenvereinigungen Bezeichnung und Anschrift der Vereinigung oder Familiennamen, Vornamen und Anschriften ihrer Mitglieder,

2. Zahl der von ihm übernommenen weiteren Geschäftsanteile,

3. Ausscheiden aus der Genossenschaft.

Die Satzung kann regeln, mit welchen weiteren erforderlichen Angaben jedes Mitglied eingetragen wird. Der Zeitpunkt, zu dem der Beitritt, eine Veränderung der Zahl weiterer Geschäftsanteile oder das Ausscheiden wirksam wird oder geworden ist, ist anzugeben.

(3) Die Unterlagen, aufgrund deren die Eintragung des Beitritts, der Veränderung der Zahl weiterer Geschäftsanteile oder des Ausscheidens in die Mitgliederliste erfolgt, sind drei Jahre aufzubewahren. Die Frist beginnt mit dem Schluss des Kalenderjahres, in dem das Mitglied aus der Genossenschaft ausgeschieden ist. Im Übrigen gelten für die Aufbewahrung der Unterlagen die Regelungen für Handelsbriefe in § 257 des Handelsgesetzbuchs.

§ 31 Einsicht in die Mitgliederliste

(1) Die Mitgliederliste kann von jedem Mitglied sowie von einem Dritten, der ein berechtigtes Interesse darlegt, bei der Genossenschaft eingesehen werden. Abschriften aus der Mitgliederliste sind dem Mitglied hinsichtlich der ihn betreffenden Eintragungen auf Verlangen zu erteilen.

(2) Der Dritte darf die übermittelten Daten nur für den Zweck speichern und nutzen, zu dessen Erfüllung sie ihm übermittelt werden; eine Speicherung und Nutzung für andere Zwecke ist nur zulässig, soweit die Daten auch dafür hätten übermittelt werden dürfen. Ist der Empfänger eine nicht öffentliche Stelle, hat die Genossenschaft ihn darauf hinzuweisen; eine Speicherung und Nutzung für andere Zwecke bedarf in diesem Fall der Zustimmung der Genossenschaft.

§ 32 Vorlage der Mitgliederliste beim Gericht

Der Vorstand hat dem Registergericht auf dessen Verlangen eine Abschrift der Mitgliederliste unverzüglich einzureichen.

§ 33 Buchführung; Jahresabschluss und Lagebericht

(1) Der Vorstand hat dafür zu sorgen, dass die erforderlichen Bücher der Genossenschaft ordnungsgemäß geführt werden. Der Jahresabschluss und der Lagebericht sind unverzüglich nach ihrer Aufstellung dem Aufsichtsrat und mit dessen Bemerkungen der Generalversammlung vorzulegen.

(2) Mit einer Verletzung der Vorschriften über die Gliederung der Bilanz und der Gewinn- und Verlustrechnung sowie mit einer Nichtbeachtung von Formblättern kann, wenn hierdurch die Klarheit des Jahresabschlusses nur unwesentlich beeinträchtigt wird, eine Anfechtung nicht begründet werden.

(3) Ergibt sich bei Aufstellung der Jahresbilanz oder einer Zwischenbilanz oder ist bei pflichtgemäßem Ermessen anzunehmen, dass ein Verlust besteht, der durch die Hälfte des Gesamtbetrags der Geschäftsguthaben und die Rücklagen nicht gedeckt ist, so hat der Vorstand unverzüglich die Generalversammlung einzuberufen und ihr dies anzuzeigen.

§§ 33a bis 33i (weggefallen)

§ 34 Sorgfaltspflicht und Verantwortlichkeit der Vorstandsmitglieder

(1) Die Vorstandsmitglieder haben bei ihrer Geschäftsführung die Sorgfalt eines ordentlichen und gewissenhaften Geschäftsleiters einer Genossenschaft anzuwenden. Eine Pflichtverletzung liegt nicht vor, wenn das Vorstandsmitglied bei einer unternehmerischen Entscheidung vernünftigerweise annehmen durfte, auf Grundlage angemessener Informationen zum Wohle der Genossenschaft zu handeln. Über vertrauliche Angaben und Geheimnisse der Genossenschaft, namentlich Betriebs- oder Geschäftsgeheimnisse, die ihnen durch die Tätigkeit im Vorstand bekannt geworden sind, haben sie Stillschweigen zu bewahren.

(2) Vorstandsmitglieder, die ihre Pflichten verletzen, sind der Genossenschaft zum Ersatz des daraus entstehenden Schadens als Gesamtschuldner verpflichtet. Ist streitig, ob sie die Sorgfalt eines ordentlichen und gewissenhaften Geschäftsleiters einer Genossenschaft angewandt haben, tragen sie die Beweislast. Wenn ein Vorstandsmitglied im Wesentlichen unentgeltlich tätig ist, muss dies bei der Beurteilung seiner Sorgfalt zu seinen Gunsten berücksichtigt werden.

(3) Die Mitglieder des Vorstands sind namentlich zum Ersatz verpflichtet, wenn entgegen diesem Gesetz oder der Satzung

1. Geschäftsguthaben ausgezahlt werden,

2. den Mitgliedern Zinsen oder Gewinnanteile gewährt werden,

3. Genossenschaftsvermögen verteilt wird,

4. Zahlungen geleistet werden, nachdem die Zahlungsunfähigkeit der Genossenschaft eingetreten ist oder sich eine Überschuldung ergeben hat, die für die Genossenschaft nach § 98 Grund für die Eröffnung des Insolvenzverfahrens ist,

5. Kredit gewährt wird.

(4) Der Genossenschaft gegenüber tritt die Ersatzpflicht nicht ein, wenn die Handlung auf einem gesetzmäßigen Beschluss der Generalversammlung beruht. Dadurch, dass der Aufsichtsrat die Handlung gebilligt hat, wird die Ersatzpflicht nicht ausgeschlossen.

(5) In den Fällen des Absatzes 3 kann der Ersatzanspruch auch von den Gläubigern der Genossenschaft geltend gemacht werden, soweit sie von dieser keine Befriedigung erlangen können. Den Gläubigern gegenüber wird die Ersatzpflicht weder durch einen Verzicht oder Vergleich der Genossenschaft noch dadurch aufgehoben, dass die Handlung auf einem Beschluss der Generalversammlung beruht. Ist über das Vermögen der Genossenschaft das Insolvenzverfahren

eröffnet, so übt während dessen Dauer der Insolvenzverwalter oder Sachwalter das Recht der Gläubiger gegen die Vorstandsmitglieder aus.

(6) Die Ansprüche aus diesen Vorschriften verjähren in fünf Jahren.

§ 35 Stellvertreter von Vorstandsmitgliedern

Die für Mitglieder des Vorstands gegebenen Vorschriften gelten auch für Stellvertreter von Mitgliedern.

§ 36 Aufsichtsrat

(1) Der Aufsichtsrat besteht, sofern nicht die Satzung eine höhere Zahl festsetzt, aus drei von der Generalversammlung zu wählenden Personen. Die zu einer Beschlussfassung erforderliche Zahl ist durch die Satzung zu bestimmen.

(2) Die Mitglieder des Aufsichtsrats dürfen keine nach dem Geschäftsergebnis bemessene Vergütung beziehen.

(3) Die Bestellung zum Mitglied des Aufsichtsrats kann auch vor Ablauf des Zeitraums, für welchen es gewählt ist, durch die Generalversammlung widerrufen werden. Der Beschluss bedarf einer Mehrheit, die mindestens drei Viertel der abgegebenen Stimmen umfasst.

(4) Bei einer Genossenschaft, die Unternehmen von öffentlichem Interesse nach § 316a Satz 2 Nummer 1 oder 2 des Handelsgesetzbuchs ist, müssen die Mitglieder des Aufsichtsrats in ihrer Gesamtheit mit dem Sektor, in dem die Genossenschaft tätig ist, vertraut sein; mindestens ein Mitglied muss über Sachverstand auf den Gebieten Rechnungslegung oder Abschlussprüfung verfügen.

(5) Abweichend von Absatz 1 Satz 1 kann die Satzung vorsehen, dass für bestimmte Mitglieder das Recht besteht, Mitglieder in den Aufsichtsrat zu entsenden. Die Zahl der nach Satz 1 in den Aufsichtsrat entsandten Personen darf zusammen mit der Zahl der investierenden Mitglieder im Aufsichtsrat ein Drittel der Aufsichtsratsmitglieder nicht überschreiten.

§ 37 Unvereinbarkeit von Ämtern

(1) Die Mitglieder des Aufsichtsrats dürfen nicht zugleich Vorstandsmitglieder, dauernde Stellvertreter der Vorstandsmitglieder, Prokuristen oder zum Betrieb des gesamten Geschäfts ermächtigte Handlungsbevollmächtigte der Genossenschaft sein. Der Aufsichtsrat kann einzelne seiner Mitglieder für einen im Voraus begrenzten Zeitraum zu Stellvertretern verhinderter Vorstandsmitglieder bestellen; während dieses Zeitraums und bis zur Erteilung der Entlastung als stellvertretendes Vorstandsmitglied darf dieses Mitglied seine Tätigkeit als Aufsichtsratsmitglied nicht ausüben.

(2) Scheiden aus dem Vorstand Mitglieder aus, so dürfen dieselben nicht vor erteilter Entlastung in den Aufsichtsrat gewählt werden.

§ 38 Aufgaben des Aufsichtsrats

(1) Der Aufsichtsrat hat den Vorstand bei dessen Geschäftsführung zu überwachen. Er kann zu diesem Zweck von dem Vorstand jederzeit Auskünfte über alle Angelegenheiten der Genossenschaft verlangen und die Bücher und Schriften der Genossenschaft sowie den Bestand der Genossenschaftskasse und die Bestände an Wertpapieren und Waren einsehen und prüfen. Er kann einzelne seiner Mitglieder beauftragen, die Einsichtnahme und Prüfung durchzuführen. Auch ein einzelnes Mitglied des Aufsichtsrats kann Auskünfte, jedoch nur an den Aufsichtsrat, verlangen. Der Aufsichtsrat hat den Jahresabschluss, den Lagebericht und den Vorschlag für die Verwendung des Jahresüberschusses oder die Deckung des Jahresfehlbetrags zu prüfen; über das Ergebnis der Prüfung hat er der Generalversammlung vor der Feststellung des Jahresabschlusses zu berichten.

(1a) Der Aufsichtsrat kann einen Prüfungsausschuss bestellen, der sich mit der Überwachung des Rechnungslegungsprozesses sowie der Wirksamkeit des internen Kontrollsystems, des Risikomanagementsystems und des internen Revisionssystems sowie der Abschlussprüfung befasst. Der Prüfungsausschuss kann Empfehlungen oder Vorschläge zur Gewährleistung der Integrität des Rechnungslegungsprozesses unterbreiten. Richtet der Aufsichtsrat einer Genossenschaft, die ein Unternehmen von öffentlichem Interesse nach § 316a Satz 2 Nummer 1 oder 2 des Handelsgesetzbuchs ist, einen Prüfungsausschuss ein, so muss dieser die Voraussetzungen des § 36 Absatz 4 erfüllen. Artikel 6 Absatz 2 Buchstabe a der Verordnung (EU) Nr. 537/2014 des Europäischen Parlaments und des Rates vom 16. April 2014 über spezifische Anforderungen an die Abschlussprüfung bei Unternehmen von öffentlichem Interesse und zur Aufhebung des Beschlusses 2005/909/EG der Kommission (ABl. L 158 vom 27.5.2014, S. 77, L 170 vom 11.6.2014, S. 66) findet mit der Maßgabe Anwendung, dass die Erklärung bezogen auf die gesetzlichen Vertreter des Verbandes und die vom Verband beschäftigten Personen, die das Ergebnis der Prüfung beeinflussen können, abzugeben ist.

(1b) Der Aufsichtsrat hat auch den gesonderten nichtfinanziellen Bericht (§ 289b des Handelsgesetzbuchs) zu prüfen, sofern er erstellt wurde.

(2) Der Aufsichtsrat hat eine Generalversammlung einzuberufen, wenn dies im Interesse der Genossenschaft erforderlich ist. Ist nach der Satzung kein Aufsichtsrat zu bilden, gilt § 44.

(3) Weitere Aufgaben des Aufsichtsrats werden durch die Satzung bestimmt.

(4) Die Mitglieder des Aufsichtsrats können ihre Aufgaben nicht durch andere Personen wahrnehmen lassen.

§ 39 Vertretungsbefugnis des Aufsichtsrats

(1) Der Aufsichtsrat vertritt die Genossenschaft gegenüber den Vorstandsmitgliedern gerichtlich und außergerichtlich. Ist nach der Satzung kein Aufsichtsrat zu bilden, wird die Genossenschaft durch einen von der Generalversammlung gewählten Bevollmächtigten vertreten. Die Satzung kann bestimmen, dass über die Führung von Prozessen gegen Vorstandsmitglieder die Generalversammlung entscheidet.

(2) Der Genehmigung des Aufsichtsrats bedarf jede Gewährung von Kredit an ein Mitglied des Vorstands, soweit die Gewährung des Kredits nicht durch die Satzung an noch andere Erfordernisse

geknüpft oder ausgeschlossen ist. Das Gleiche gilt von der Annahme eines Vorstandsmitglieds als Bürgen für eine Kreditgewährung.

(3) In Prozessen gegen die Mitglieder des Aufsichtsrats wird die Genossenschaft durch Bevollmächtigte vertreten, welche von der Generalversammlung gewählt werden.

§ 40 Vorläufige Amtsenthebung von Vorstandsmitgliedern

Der Aufsichtsrat ist befugt, nach seinem Ermessen von der Generalversammlung abzuberufende Mitglieder des Vorstands vorläufig, bis zur Entscheidung der unverzüglich einzuberufenden Generalversammlung, von ihren Geschäften zu entheben und wegen einstweiliger Fortführung derselben das Erforderliche zu veranlassen.

§ 41 Sorgfaltspflicht und Verantwortlichkeit der Aufsichtsratsmitglieder

Für die Sorgfaltspflicht und Verantwortlichkeit der Aufsichtsratsmitglieder gilt § 34 über die Verantwortlichkeit der Vorstandsmitglieder sinngemäß.

§ 42 Prokura; Handlungsvollmacht

(1) Die Genossenschaft kann Prokura nach Maßgabe der §§ 48 bis 53 des Handelsgesetzbuchs erteilen. An die Stelle der Eintragung in das Handelsregister tritt die Eintragung in das Genossenschaftsregister. § 29 gilt entsprechend.

(2) Die Genossenschaft kann auch Handlungsvollmacht erteilen. § 54 des Handelsgesetzbuchs ist anzuwenden.

§ 43 Generalversammlung; Stimmrecht der Mitglieder

(1) Die Mitglieder üben ihre Rechte in den Angelegenheiten der Genossenschaft in der Generalversammlung aus, soweit das Gesetz nichts anderes bestimmt.

(2) Die Generalversammlung beschließt mit der Mehrheit der abgegebenen Stimmen (einfache Stimmenmehrheit), soweit nicht Gesetz oder Satzung eine größere Mehrheit oder weitere Erfordernisse bestimmen. Für Wahlen kann die Satzung eine abweichende Regelung treffen.

(3) Jedes Mitglied hat eine Stimme. Die Satzung kann die Gewährung von Mehrstimmrechten vorsehen. Die Voraussetzungen für die Gewährung von Mehrstimmrechten müssen in der Satzung mit folgender Maßgabe bestimmt werden:

1.

Mehrstimmrechte sollen nur Mitgliedern gewährt werden, die den Geschäftsbetrieb besonders fördern. Keinem Mitglied können mehr als drei Stimmen gewährt werden. Bei Beschlüssen, die nach dem Gesetz zwingend einer Mehrheit von drei Vierteln der abgegebenen Stimmen oder einer größeren Mehrheit bedürfen, sowie bei Beschlüssen über die Aufhebung oder Einschränkung der

Bestimmungen der Satzung über Mehrstimmrechte hat ein Mitglied, auch wenn ihm ein Mehrstimmrecht gewährt ist, nur eine Stimme.

2. Auf Genossenschaften, bei denen mehr als drei Viertel der Mitglieder als Unternehmer im Sinne des § 14 des Bürgerlichen Gesetzbuchs Mitglied sind, ist Nummer 1 nicht anzuwenden. Bei diesen Genossenschaften können Mehrstimmrechte vom einzelnen Mitglied höchstens bis zu einem Zehntel der in der Generalversammlung anwesenden Stimmen ausgeübt werden; das Nähere hat die Satzung zu regeln.

3. Auf Genossenschaften, deren Mitglieder ausschließlich oder überwiegend eingetragene Genossenschaften sind, sind die Nummern 1 und 2 nicht anzuwenden. Die Satzung dieser Genossenschaften kann das Stimmrecht der Mitglieder nach der Höhe ihrer Geschäftsguthaben oder einem anderen Maßstab abstufen.

Zur Aufhebung oder Änderung der Bestimmungen der Satzung über Mehrstimmrechte bedarf es nicht der Zustimmung der betroffenen Mitglieder.

(4) Das Mitglied soll sein Stimmrecht persönlich ausüben. Das Stimmrecht geschäftsunfähiger oder in der Geschäftsfähigkeit beschränkter natürlicher Personen sowie das Stimmrecht von juristischen Personen wird durch ihre gesetzlichen Vertreter, das Stimmrecht von Personenhandelsgesellschaften durch zur Vertretung ermächtigte Gesellschafter ausgeübt.

(5) Das Mitglied oder sein gesetzlicher Vertreter können Stimmvollmacht erteilen. Für die Vollmacht ist die schriftliche Form erforderlich. Ein Bevollmächtigter kann nicht mehr als zwei Mitglieder vertreten. Die Satzung kann persönliche Voraussetzungen für Bevollmächtigte aufstellen, insbesondere die Bevollmächtigung von Personen ausschließen, die sich geschäftsmäßig zur Ausübung des Stimmrechts erbieten.

(6) Niemand kann für sich oder für einen anderen das Stimmrecht ausüben, wenn darüber Beschluss gefasst wird, ob er oder das vertretene Mitglied zu entlasten oder von einer Verbindlichkeit zu befreien ist oder ob die Genossenschaft gegen ihn oder das vertretene Mitglied einen Anspruch geltend machen soll.

(7) (weggefallen)

§ 43a Vertreterversammlung

(1) Bei Genossenschaften mit mehr als 1.500 Mitgliedern kann die Satzung bestimmen, dass die Generalversammlung aus Vertretern der Mitglieder (Vertreterversammlung) besteht. Die Satzung kann auch bestimmen, dass bestimmte Beschlüsse der Generalversammlung vorbehalten bleiben. Der für die Feststellung der Mitgliederzahl maßgebliche Zeitpunkt ist für jedes Geschäftsjahr jeweils das Ende des vorausgegangenen Geschäftsjahres.

(2) Als Vertreter kann jede natürliche, unbeschränkt geschäftsfähige Person, die Mitglied der Genossenschaft ist und nicht dem Vorstand oder Aufsichtsrat angehört, gewählt werden. Ist ein Mitglied der Genossenschaft eine juristische Person oder eine Personengesellschaft, kann jeweils eine natürliche Person, die zu deren Vertretung befugt ist, als Vertreter gewählt werden.

(3) Die Vertreterversammlung besteht aus mindestens 50 Vertretern, die von den Mitgliedern der Genossenschaft gewählt werden. Die Vertreter können nicht durch Bevollmächtigte vertreten werden. Mehrstimmrechte können ihnen nicht eingeräumt werden.

(4) Die Vertreter werden in allgemeiner, unmittelbarer, gleicher und geheimer Wahl gewählt; Mehrstimmrechte bleiben unberührt. Für die Vertretung von Mitgliedern bei der Wahl gilt § 43 Abs. 4 und 5 entsprechend. Kein Vertreter kann für längere Zeit als bis zur Beendigung der Vertreterversammlung gewählt werden, die über die Entlastung der Mitglieder des Vorstands und des Aufsichtsrats für das vierte Geschäftsjahr nach dem Beginn der Amtszeit beschließt. Das Geschäftsjahr, in dem die Amtszeit beginnt, wird nicht mitgerechnet. Die Satzung muss bestimmen,

1. auf wie viele Mitglieder ein Vertreter entfällt;

2. die Amtszeit der Vertreter.

Eine Zahl von 150 Mitgliedern ist in jedem Fall ausreichend, um einen Wahlvorschlag einreichen zu können. Nähere Bestimmungen über das Wahlverfahren einschließlich der Feststellung des Wahlergebnisses können in einer Wahlordnung getroffen werden, die vom Vorstand und Aufsichtsrat auf Grund übereinstimmender Beschlüsse erlassen wird. Sie bedarf der Zustimmung der Generalversammlung.

(5) Fällt ein Vertreter vor Ablauf der Amtszeit weg, muss ein Ersatzvertreter an seine Stelle treten. Seine Amtszeit erlischt spätestens mit Ablauf der Amtszeit des weggefallenen Vertreters. Auf die Wahl des Ersatzvertreters sind die für den Vertreter geltenden Vorschriften anzuwenden.

(6) Eine Liste mit den Namen sowie den Anschriften, Telefonnummern oder E-Mail-Adressen der gewählten Vertreter und Ersatzvertreter ist zur Einsichtnahme für die Mitglieder mindestens zwei Wochen lang in den Geschäftsräumen der Genossenschaft und ihren Niederlassungen auszulegen oder bis zum Ende der Amtszeit der Vertreter auf der Internetseite der Genossenschaft zugänglich zu machen. Die Auslegung oder die Zugänglichkeit im Internet ist in einem öffentlichen Blatt bekannt zu machen. Die Frist für die Auslegung oder Zugänglichmachung beginnt mit der Bekanntmachung. Jedes Mitglied kann jederzeit eine Abschrift der Liste der Vertreter und Ersatzvertreter verlangen; hierauf ist in der Bekanntmachung nach Satz 2 hinzuweisen.

(7) Die Generalversammlung ist zur Beschlussfassung über die Abschaffung der Vertreterversammlung unverzüglich einzuberufen, wenn dies von mindestens einem Zehntel der Mitglieder oder dem in der Satzung hierfür bestimmten geringeren Teil in Textform beantragt wird. § 45 Abs. 3 gilt entsprechend.

§ 43b Formen der Generalversammlung

(1) Die Generalversammlung muss in einer der folgenden Formen abgehalten werden:

1. als Präsenzversammlung an einem Ort, an dem die Mitglieder gemeinsam physisch anwesend sind,

2. als virtuelle Versammlung ohne gemeinsame physische Anwesenheit der Mitglieder an einem Ort,

3. als hybride Versammlung, an der die Mitglieder wahlweise am Ort der Versammlung physisch anwesend oder ohne physische Anwesenheit an diesem Ort teilnehmen können,

4. als Versammlung im gestreckten Verfahren, aufgespalten in

a) eine Erörterungsphase, die abgehalten wird

aa) als virtuelle Versammlung oder

bb) als hybride Versammlung und

b) eine zeitlich nachgelagerte Abstimmungsphase.

(2) Bei einer Präsenzversammlung können Beschlüsse der Mitglieder auch schriftlich oder im Wege der elektronischen Kommunikation gefasst werden; das Nähere hat die Satzung zu regeln. Ferner kann die Satzung vorsehen, dass

1. in bestimmten Fällen Mitglieder des Aufsichtsrats im Wege der Bild- und Tonübertragung an der Generalversammlung teilnehmen können und

2. die Generalversammlung in Bild und Ton übertragen werden darf.

(3) Bei einer virtuellen Versammlung muss sichergestellt sein, dass

1. der gesamte Versammlungsverlauf allen teilnehmenden Mitgliedern schriftlich oder im Wege der elektronischen Kommunikation mitgeteilt wird und

2. alle teilnehmenden Mitglieder ihre Rede-, Antrags-, Auskunfts- und Stimmrechte schriftlich oder im Wege der elektronischen Kommunikation ausüben können.

Die Satzung kann die Einzelheiten dazu regeln, wie die Rede-, Antrags-, Auskunfts- und Stimmrechte schriftlich oder im Wege der elektronischen Kommunikation ausgeübt werden können.

(4) Bei einer hybriden Versammlung muss sichergestellt sein, dass

1. der gesamte Versammlungsverlauf allen teilnehmenden Mitgliedern im Wege der elektronischen Kommunikation mitgeteilt wird,

2. die Mitglieder, die ohne physische Anwesenheit am Ort der Versammlung teilnehmen, ihre Rede-, Antrags-, Auskunfts- und Stimmrechte im Wege der elektronischen Kommunikation ausüben können und

3. der Vorstand und der Aufsichtsrat durch physisch am Ort der Versammlung anwesende Mitglieder vertreten sind.

Die Satzung kann die Einzelheiten dazu regeln, wie die Rede-, Antrags-, Auskunfts- und Stimmrechte im Wege der elektronischen Kommunikation ausgeübt werden können.

(5) Bei einer Versammlung im gestreckten Verfahren muss sichergestellt sein, dass

1. während einer als virtuelle Versammlung stattfindenden Erörterungsphase Absatz 3 mit Ausnahme der Anforderungen an die Ausübung von Stimmrechten erfüllt ist,

2. während einer als hybride Versammlung stattfindenden Erörterungsphase Absatz 4 mit Ausnahme der Anforderungen an die Ausübung von Stimmrechten erfüllt ist und

3. während der Abstimmungsphase alle Mitglieder ihre Stimmrechte schriftlich oder im Wege der elektronischen Kommunikation ausüben können.

Die Satzung kann die Einzelheiten dazu regeln, wie die Stimmrechte nach Satz 1 Nummer 3 ausgeübt werden können.

(6) Vorbehaltlich einer Satzungsbestimmung nach Satz 3 entscheiden Vorstand und Aufsichtsrat gemeinsam nach pflichtgemäßem Ermessen unter Berücksichtigung der Interessen der Mitglieder über die Form

1. der Versammlung nach Absatz 1 und

2. der Erörterungsphase nach Absatz 1 Nummer 4 Buchstabe a und b, falls eine Entscheidung für eine Versammlung im gestreckten Verfahren getroffen wurde.

Hat die Genossenschaft keinen Aufsichtsrat, entscheidet der Vorstand gemeinsam mit einem von der Generalversammlung aus ihrer Mitte gewählten Bevollmächtigten. Können sich Vorstand und Aufsichtsrat oder Vorstand und der Bevollmächtigte nach Satz 2 nicht nach Satz 1 auf eine Form einigen oder kommt eine Entscheidung aus sonstigen Gründen nicht zustande, ist eine Präsenzversammlung abzuhalten. Die Satzung kann eine in Absatz 1 bestimmte Form der Versammlung festlegen oder das Auswahlermessen nach Satz 1 beschränken. Die Abhaltung einer Präsenzversammlung kann nach Satz 4 nicht ausgeschlossen werden.

(7) Mitglieder, die an einer Versammlung nach Absatz 1 Nummer 2 bis 4 schriftlich oder im Wege der elektronischen Kommunikation teilgenommen haben, gelten als erschienen.

§ 44 Einberufung der Generalversammlung

(1) Die Generalversammlung wird durch den Vorstand einberufen, soweit nicht nach der Satzung oder diesem Gesetz auch andere Personen dazu befugt sind.

(2) Eine Generalversammlung ist außer in den in der Satzung oder diesem Gesetz ausdrücklich bestimmten Fällen einzuberufen, wenn dies im Interesse der Genossenschaft erforderlich erscheint.

§ 45 Einberufung auf Verlangen einer Minderheit

(1) Die Generalversammlung muss unverzüglich einberufen werden, wenn mindestens ein Zehntel der Mitglieder oder der in der Satzung hierfür bezeichnete geringere Teil in Textform unter Anführung des Zwecks und der Gründe die Einberufung verlangt. Mitglieder, auf deren Verlangen eine Vertreterversammlung einberufen wird, können an dieser Versammlung mit Rede- und Antragsrecht teilnehmen. Die Satzung kann Bestimmungen darüber treffen, dass das Rede- und Antragsrecht in der Vertreterversammlung nur von einem oder mehreren von den teilnehmenden Mitgliedern aus ihrem Kreis gewählten Bevollmächtigten ausgeübt werden kann.

(2) In gleicher Weise sind die Mitglieder berechtigt zu verlangen, dass Gegenstände zur Beschlussfassung einer Generalversammlung angekündigt werden. Mitglieder, auf deren Verlangen Gegenstände zur Beschlussfassung einer Vertreterversammlung angekündigt werden, können an

dieser Versammlung mit Rede- und Antragsrecht hinsichtlich dieser Gegenstände teilnehmen. Absatz 1 Satz 3 ist anzuwenden.

(3) Wird dem Verlangen nicht entsprochen, kann das Gericht die Mitglieder, welche das Verlangen gestellt haben, zur Einberufung der Generalversammlung oder zur Ankündigung des Gegenstandes ermächtigen. Mit der Einberufung oder Ankündigung ist die gerichtliche Ermächtigung bekannt zu machen.

§ 46 Form und Frist der Einberufung

(1) Die Generalversammlung muss in der durch die Satzung bestimmten Weise mit einer Frist von mindestens zwei Wochen einberufen werden. Bei der Einberufung ist Folgendes bekannt zu machen:

1. die Tagesordnung,

2. die Form der Versammlung nach § 43b Absatz 1,

3. im Fall von § 43b Absatz 1 Nummer 4 zusätzlich die Form der Erörterungsphase und

4. im Fall von § 43b Absatz 1 Nummer 2 bis 4 die erforderlichen Angaben zur Nutzung der schriftlichen oder elektronischen Kommunikation.

Die Tagesordnung einer Vertreterversammlung ist allen Mitgliedern durch Veröffentlichung in den Genossenschaftsblättern oder im Internet unter der Adresse der Genossenschaft oder durch unmittelbare Benachrichtigung in Textform bekannt zu machen.

(2) Über Gegenstände, deren Verhandlung nicht in der durch die Satzung oder nach § 45 Abs. 3 vorgesehenen Weise mindestens eine Woche vor der Generalversammlung angekündigt ist, können Beschlüsse nicht gefasst werden. Dies gilt nicht, wenn sämtliche Mitglieder erschienen sind oder es sich um Beschlüsse über die Leitung der Versammlung oder um Anträge auf Einberufung einer außerordentlichen Generalversammlung handelt.

(3) Zur Stellung von Anträgen und zu Verhandlungen ohne Beschlussfassung bedarf es der Ankündigung nicht.

§ 47 Niederschrift

(1) Über die Beschlüsse der Generalversammlung ist eine Niederschrift anzufertigen. Sie soll den Ort und den Tag der Versammlung, die Form der Versammlung nach § 43b Absatz 1 und im Fall von § 43b Absatz 1 Nummer 4 zusätzlich die Form der Erörterungsphase, den Namen des Vorsitzenden sowie Art und Ergebnis der Abstimmung und die Feststellung des Vorsitzenden über die Beschlussfassung enthalten. Bei Versammlungen nach § 43b Absatz 1 Nummer 2 oder Nummer 4 Buchstabe a ist als Ort der Versammlung der Sitz der Genossenschaft anzugeben. Im Fall von Versammlungen nach § 43b Absatz 1 Nummer 2 bis 4 ist der Niederschrift ein Verzeichnis der Mitglieder beizufügen, die an der Beschlussfassung mitgewirkt haben. In diesem Verzeichnis ist zu jedem Mitglied die Art der Stimmabgabe anzugeben.

(2) Die Niederschrift ist vom Vorsitzenden und mindestens einem anwesenden Mitglied des Vorstands zu unterschreiben. Ihr sind die Belege über die Einberufung als Anlagen beizufügen.

(3) Sieht die Satzung die Zulassung investierender Mitglieder oder die Gewährung von Mehrstimmrechten vor oder wird eine Änderung der Satzung beschlossen, die einen der in § 16 Abs. 2 Satz 1 Nr. 2 bis 5, 9 bis 11 oder Abs. 3 aufgeführten Gegenstände oder eine wesentliche Änderung des Gegenstandes des Unternehmens betrifft, oder wird die Fortsetzung der Genossenschaft nach § 117 beschlossen, ist der Niederschrift außerdem ein Verzeichnis der erschienenen oder vertretenen Mitglieder und der vertretenden Personen beizufügen. Bei jedem erschienenen oder vertretenen Mitglied ist dessen Stimmenzahl zu vermerken.

(4) Jedes Mitglied kann jederzeit Einsicht in die Niederschrift nehmen. Ferner ist jedem Mitglied auf Verlangen eine Abschrift der Niederschrift einer Vertreterversammlung unverzüglich zur Verfügung zu stellen. Die Niederschrift ist von der Genossenschaft aufzubewahren.

§ 48 Zuständigkeit der Generalversammlung

(1) Die Generalversammlung stellt den Jahresabschluss fest. Sie beschließt über die Verwendung des Jahresüberschusses oder die Deckung eines Jahresfehlbetrags sowie über die Entlastung des Vorstands und des Aufsichtsrats. Die Generalversammlung hat in den ersten sechs Monaten des Geschäftsjahres stattzufinden.

(2) Auf den Jahresabschluss sind bei der Feststellung die für seine Aufstellung geltenden Vorschriften anzuwenden. Wird der Jahresabschluss bei der Feststellung geändert und ist die Prüfung nach § 53 bereits abgeschlossen, so werden vor der erneuten Prüfung gefasste Beschlüsse über die Feststellung des Jahresabschlusses und über die Ergebnisverwendung erst wirksam, wenn auf Grund einer erneuten Prüfung ein hinsichtlich der Änderung uneingeschränkter Bestätigungsvermerk erteilt worden ist.

(3) Der Jahresabschluss, der Lagebericht sowie der Bericht des Aufsichtsrats sollen mindestens eine Woche vor der Versammlung in dem Geschäftsraum der Genossenschaft oder an einer anderen durch den Vorstand bekannt zu machenden geeigneten Stelle zur Einsichtnahme der Mitglieder ausgelegt, auf der Internetseite der Genossenschaft zugänglich gemacht oder ihnen sonst zur Kenntnis gebracht werden. Jedes Mitglied ist berechtigt, auf seine Kosten eine Abschrift des Jahresabschlusses, des Lageberichts und des Berichts des Aufsichtsrats zu verlangen.

(4) Die Generalversammlung beschließt über die Offenlegung eines Einzelabschlusses nach § 339 Abs. 2 in Verbindung mit § 325 Abs. 2a des Handelsgesetzbuchs. Der Beschluss kann für das nächstfolgende Geschäftsjahr im Voraus gefasst werden. Die Satzung kann die in den Sätzen 1 und 2 genannten Entscheidungen dem Aufsichtsrat übertragen. Ein vom Vorstand auf Grund eines Beschlusses nach den Sätzen 1 bis 3 aufgestellter Abschluss darf erst nach seiner Billigung durch den Aufsichtsrat offen gelegt werden.

§ 49 Beschränkungen für Kredite

Die Generalversammlung hat die Beschränkungen festzusetzen, die bei Gewährung von Kredit an denselben Schuldner eingehalten werden sollen.

§ 50 Bestimmung der Einzahlungen auf den Geschäftsanteil

Soweit die Satzung die Mitglieder zu Einzahlungen auf den Geschäftsanteil verpflichtet, ohne dieselben nach Betrag und Zeit festzusetzen, unterliegt ihre Festsetzung der Beschlussfassung durch die Generalversammlung.

§ 51 Anfechtung von Beschlüssen der Generalversammlung

(1) Ein Beschluss der Generalversammlung kann wegen Verletzung des Gesetzes oder der Satzung im Wege der Klage angefochten werden. Die Klage muss binnen einem Monat erhoben werden.

(2) Zur Anfechtung befugt ist jedes in der Generalversammlung erschienene Mitglied, sofern es gegen den Beschluss Widerspruch zum Protokoll erklärt hat, und jedes nicht erschienene Mitglied, sofern es zu der Generalversammlung unberechtigterweise nicht zugelassen worden ist oder sofern es die Anfechtung darauf gründet, dass die Einberufung der Versammlung oder die Ankündigung des Gegenstandes der Beschlussfassung nicht ordnungsgemäß erfolgt sei. Ferner sind der Vorstand und der Aufsichtsrat zur Anfechtung befugt, ebenso jedes Mitglied des Vorstands und des Aufsichtsrats, wenn es durch die Ausführung des Beschlusses eine strafbare Handlung oder eine Ordnungswidrigkeit begehen oder wenn es ersatzpflichtig werden würde.

(2a) Die Anfechtung eines Beschlusses der Generalversammlung nach § 43b Absatz 1 Nummer 2 bis 4 kann nicht auf Verletzungen des Gesetzes oder der Mitgliederrechte gestützt werden, die auf technische Störungen der elektronischen Kommunikation zurückzuführen sind, es sei denn, der Genossenschaft ist Vorsatz oder grobe Fahrlässigkeit vorzuwerfen. Die Absätze 1 und 2 bleiben unberührt.

(3) Die Klage ist gegen die Genossenschaft zu richten. Die Genossenschaft wird durch den Vorstand, sofern dieser nicht selbst klagt, und durch den Aufsichtsrat, sofern dieser nicht selbst klagt, vertreten; § 39 Abs. 1 Satz 2 ist entsprechend anzuwenden. Zuständig für die Klage ist ausschließlich das Landgericht, in dessen Bezirke die Genossenschaft ihren Sitz hat. Die mündliche Verhandlung erfolgt nicht vor Ablauf der im ersten Absatz bezeichneten Frist. Mehrere Anfechtungsprozesse sind zur gleichzeitigen Verhandlung und Entscheidung zu verbinden.

(4) Die Erhebung der Klage sowie der Termin zur mündlichen Verhandlung sind unverzüglich vom Vorstand in den für die Bekanntmachung der Genossenschaft bestimmten Blättern zu veröffentlichen.

(5) Soweit der Beschluss durch Urteil rechtskräftig für nichtig erklärt ist, wirkt dieses Urteil auch gegenüber den Mitgliedern der Genossenschaft, die nicht Partei des Rechtsstreits waren. Ist der Beschluss in das Genossenschaftsregister eingetragen, hat der Vorstand dem Registergericht das Urteil einzureichen und dessen Eintragung zu beantragen.

§ 52 (weggefallen)

-

Abschnitt 4
Prüfung und Prüfungsverbände

§ 53 Pflichtprüfung

(1) Zwecks Feststellung der wirtschaftlichen Verhältnisse und der Ordnungsmäßigkeit der Geschäftsführung sind die Einrichtungen, die Vermögenslage sowie die Geschäftsführung der Genossenschaft mindestens in jedem zweiten Geschäftsjahr zu prüfen. Bei Genossenschaften, deren Bilanzsumme 2 Millionen Euro übersteigt, muss die Prüfung in jedem Geschäftsjahr stattfinden.

(2) Im Rahmen der Prüfung nach Absatz 1 ist bei Genossenschaften, deren Bilanzsumme 1,5 Millionen Euro und deren Umsatzerlöse 3 Millionen Euro übersteigen, der Jahresabschluss unter Einbeziehung der Buchführung und des Lageberichts zu prüfen. § 316 Absatz 3 Satz 1 und 2, § 317 Abs. 1 Satz 2 und 3, Abs. 2 des Handelsgesetzbuchs sind entsprechend anzuwenden; Artikel 17 der Verordnung (EU) Nr. 537/2014 findet keine Anwendung. Bei der Prüfung großer Genossenschaften im Sinn des § 58 Abs. 2 ist § 317 Abs. 5 und 6 des Handelsgesetzbuchs entsprechend anzuwenden.

(3) Für Genossenschaften, die Unternehmen von öffentlichem Interesse nach § 316a Satz 2 Nummer 1 oder 2 des Handelsgesetzbuchs sind und keinen Aufsichtsrat haben, gilt § 324 Absatz 1 und 2 des Handelsgesetzbuchs entsprechend mit der Maßgabe, dass mindestens ein Mitglied über Sachverstand auf den Gebieten Rechnungslegung oder Abschlussprüfung verfügen muss.

(4) Bei der Prüfung einer Genossenschaft, die als Inlandsemittent (§ 2 Absatz 14 des Wertpapierhandelsgesetzes) Wertpapiere (§ 2 Absatz 1 des Wertpapierhandelsgesetzes), aber nicht ausschließlich die von § 327a erfassten Schuldtitel, begibt, sind § 316 Absatz 3 Satz 3, § 317 Absatz 3a Satz 1, § 320 Absatz 1 Satz 3 und § 322 Absatz 1 Satz 4 des Handelsgesetzbuchs entsprechend anzuwenden.

Fußnote (+++ § 53: Zur Anwendung vgl. § 172 +++)

§ 53a Vereinfachte Prüfung; Verordnungsermächtigung

(1) Bei Kleinstgenossenschaften (§ 336 Absatz 2 Satz 3 des Handelsgesetzbuchs), deren Satzung keine Nachschusspflicht der Mitglieder vorsieht und die im maßgeblichen Prüfungszeitraum von ihren Mitgliedern keine Darlehen nach § 21b Absatz 1 entgegengenommen haben, beschränkt sich jede zweite Prüfung nach § 53 Absatz 1 Satz 1 auf eine vereinfachte Prüfung. Eine vereinfachte Prüfung umfasst die Durchsicht der in Absatz 2 Satz 1 genannten Unterlagen und die Feststellung, ob es Anhaltspunkte dafür gibt, an einer geordneten Vermögenslage oder der Ordnungsmäßigkeit der Geschäftsführung zu zweifeln. § 57 Absatz 2 und 4 findet keine Anwendung.

(2) Bei der vereinfachten Prüfung sind folgende Unterlagen einzureichen:

1. eine Abschrift der Satzung in der geltenden Fassung oder eine Erklärung des Vorstands, dass gegenüber der zuletzt eingereichten Fassung keine Änderung erfolgt ist;

2. die im Prüfungszeitraum festgestellten Jahresabschlüsse;

3. ein Nachweis über die im Prüfungszeitraum erfolgte Einstellung des Jahresabschlusses im Unternehmensregister oder darüber, dass der Jahresabschluss zur Einstellung an die das Unternehmensregister führende Stelle übermittelt wurde;

4. eine Abschrift der Mitgliederliste;

5. eine Abschrift der im Prüfungszeitraum erstellten Niederschriften der Beschlüsse der Generalversammlung, des Vorstands und des Aufsichtsrats, wenn es einen solchen gibt;

6. sofern die Genossenschaft im Prüfungszeitraum ihren Mitgliedern Vermögensanlagen nach § 2 Absatz 1 Nummer 1a des Vermögensanlagengesetzes vom 6. Dezember 2011 (BGBl. I S. 2481), das zuletzt durch Artikel 4 Absatz 54 des Gesetzes vom 18. Juli 2016 (BGBl. I S. 1666) geändert worden ist, in der jeweils geltenden Fassung angeboten hat, eine Erklärung des Vorstands, dass und auf welche Weise den Mitgliedern die nach § 2 Absatz 2 Satz 2 des Vermögensanlagengesetzes erforderlichen Informationen zur Verfügung gestellt wurden.

Die Unterlagen sind innerhalb von zwei Monaten nach Aufforderung durch den Prüfungsverband in Textform einzureichen. In der Aufforderung hat der Prüfungsverband den maßgeblichen Prüfungszeitraum zu bezeichnen.

(3) Werden die erforderlichen Unterlagen nicht oder nicht vollständig eingereicht, hat der Prüfungsverband das Recht, eine vollständige Prüfung nach § 53 Absatz 1 Satz 1 vorzunehmen. Die Generalversammlung kann jederzeit eine solche vollständige Prüfung beschließen. Die erstmalige Pflichtprüfung einer Genossenschaft ist stets eine vollständige Prüfung.

(4) Das Bundesministerium der Justiz und für Verbraucherschutz wird ermächtigt, im Einvernehmen mit dem Bundesministerium für Wirtschaft und Energie, durch Rechtsverordnung mit Zustimmung des Bundesrates für die vereinfachte Prüfung zu bestimmen, dass abweichend von Absatz 2 dem Prüfungsverband von der Genossenschaft weitere Unterlagen einzureichen sind. Dabei kann nach der Branchenzugehörigkeit der Genossenschaft unterschieden werden.

§ 54 Pflichtmitgliedschaft im Prüfungsverband

Die Genossenschaft muss einem Verband angehören, dem das Prüfungsrecht verliehen ist (Prüfungsverband). Die Genossenschaft hat den Namen und den Sitz dieses Prüfungsverbandes auf ihrer Internetseite oder in Ermangelung einer solchen auf den Geschäftsbriefen anzugeben.

§ 54a Wechsel des Prüfungsverbandes

(1) Scheidet eine Genossenschaft aus dem Verband aus, so hat der Verband das Registergericht unverzüglich zu benachrichtigen. Das Registergericht hat eine Frist zu bestimmen, innerhalb derer die Genossenschaft die Mitgliedschaft bei einem Verband zu erwerben hat. Die Artikel 16 und 19 der Verordnung (EU) Nr. 537/2014 finden keine Anwendung.

(2) Weist die Genossenschaft nicht innerhalb der gesetzten Frist dem Registergericht nach, dass sie die Mitgliedschaft erworben hat, so hat das Registergericht von Amts wegen nach Anhörung des Vorstands die Auflösung der Genossenschaft auszusprechen. § 80 Abs. 2 findet Anwendung.

§ 55 Prüfung durch den Verband

(1) Die Genossenschaft wird durch den Verband geprüft, dem sie angehört. Der Verband bedient sich zum Prüfen der von ihm angestellten Prüfer. Diese sollen im genossenschaftlichen Prüfungswesen ausreichend vorgebildet und erfahren sein.

(2) Ein gesetzlicher Vertreter des Verbandes oder eine vom Verband beschäftigte Person, die das Ergebnis der Prüfung beeinflussen kann, ist von der Prüfung der Genossenschaft ausgeschlossen, wenn Gründe, insbesondere Beziehungen geschäftlicher, finanzieller oder persönlicher Art, vorliegen, nach denen die Besorgnis der Befangenheit besteht. Dies ist insbesondere der Fall, wenn der Vertreter oder die Person

1. Mitglied der zu prüfenden Genossenschaft ist;

2. Mitglied des Vorstands oder Aufsichtsrats oder Arbeitnehmer der zu prüfenden Genossenschaft ist;

3. über die Prüfungstätigkeit hinaus bei der zu prüfenden Genossenschaft oder für diese in dem zu prüfenden Geschäftsjahr oder bis zur Erteilung des Bestätigungsvermerks

a) bei der Führung der Bücher oder der Aufstellung des zu prüfenden Jahresabschlusses mitgewirkt hat,

b) bei der Durchführung der internen Revision in verantwortlicher Position mitgewirkt hat,

c) Unternehmensleitungs- oder Finanzdienstleistungen erbracht hat oder

d) eigenständige versicherungsmathematische oder Bewertungsleistungen erbracht hat, die sich auf den zu prüfenden Jahresabschluss nicht nur unwesentlich auswirken,

sofern diese Tätigkeiten nicht von untergeordneter Bedeutung sind; dies gilt auch, wenn eine dieser Tätigkeiten von einem Unternehmen für die zu prüfende Genossenschaft ausgeübt wird, bei dem der gesetzliche Vertreter des Verbandes oder die vom Verband beschäftigte Person als gesetzlicher Vertreter, Arbeitnehmer, Mitglied des Aufsichtsrats oder Gesellschafter, der mehr als 20 Prozent der den Gesellschaftern zustehenden Stimmrechte besitzt, diese Tätigkeit ausübt oder deren Ergebnis beeinflussen kann.

Satz 2 Nr. 2 ist auf Mitglieder des Aufsichtsorgans des Verbandes nicht anzuwenden, sofern sichergestellt ist, dass der Prüfer die Prüfung unabhängig von den Weisungen durch das Aufsichtsorgan durchführen kann. Die Sätze 2 und 3 gelten auch, wenn der Ehegatte oder der Lebenspartner einen Ausschlussgrund erfüllt. Ist die zu prüfende Genossenschaft ein Unternehmen von öffentlichem Interesse nach § 316a Satz 2 Nummer 1 oder 2 des Handelsgesetzbuchs, ist über die in den Sätzen 1 bis 4 genannten Gründe hinaus Artikel 5 Absatz 1, 4 Unterabsatz 1 und Absatz 5 der Verordnung (EU) Nr. 537/2014 auf die in Satz 1 genannten Vertreter und Personen des Verbandes entsprechend anzuwenden; auf den Verband findet Artikel 5 der Verordnung (EU) Nr. 537/2014 keine Anwendung.

(2a) Artikel 4 Absatz 3 Unterabsatz 1 der Verordnung (EU) Nr. 537/2014 findet auf alle in Absatz 2 Satz 1 genannten Vertreter und Personen des Verbandes entsprechende Anwendung; auf den Verband findet Artikel 4 Absatz 2 und 3 Unterabsatz 1 der Verordnung (EU) Nr. 537/2014 keine

Anwendung. Artikel 4 Absatz 3 Unterabsatz 2 der Verordnung (EU) Nr. 537/2014 findet keine Anwendung.

(3) Der Verband kann sich eines von ihm nicht angestellten Prüfers bedienen, wenn dies im Einzelfall notwendig ist, um eine gesetzmäßige sowie sach- und termingerechte Prüfung zu gewährleisten. Der Verband darf jedoch nur einen anderen Prüfungsverband, einen Wirtschaftsprüfer oder eine Wirtschaftsprüfungsgesellschaft mit der Prüfung beauftragen.

(4) Gehört die Genossenschaft mehreren Verbänden an, wird die Prüfung durch denjenigen Verband durchgeführt, bei dem die Genossenschaft die Mitgliedschaft zuerst erworben hat, es sei denn, dieser Verband, die Genossenschaft und der andere Verband, der künftig die Prüfung durchführen soll, einigen sich darauf, dass der andere Verband die Prüfung durchführt.

Fußnote (+++ § 55 Abs. 2: Zur Anwendung vgl. § 31 Abs. 2 Satz 3 iVm Satz 1 KVBG +++)

§ 56 Ruhen des Prüfungsrechts des Verbandes

(1) Die Aufsichtsbehörde kann das Ruhen des Prüfungsrechts des Verbandes anordnen, wenn dieser sich einer angeordneten Untersuchung nach § 64 Absatz 2 Satz 2 Nummer 4 entzieht oder wenn nach den Ergebnissen einer solchen Untersuchung ein Ruhen des Prüfungsrechts erforderlich erscheint, um weitere Feststellungen dazu treffen zu können, ob der Verband seine Aufgaben ordnungsgemäß erfüllt. Das Prüfungsrecht eines Verbandes, der sich nach § 63e Absatz 1 einer Qualitätskontrolle zu unterziehen hat, ruht, wenn der Verband nicht mehr gemäß § 40a Absatz 1 Satz 1 der Wirtschaftsprüferordnung im Register eingetragen ist.

(2) Ruht das Prüfungsrecht des Verbandes, so hat der Spitzenverband, dem der Verband angehört, auf Antrag des Vorstands der Genossenschaft oder des Verbandes einen anderen Prüfungsverband, einen Wirtschaftsprüfer oder eine Wirtschaftsprüfungsgesellschaft als Prüfer zu bestellen. Bestellt der Spitzenverband keinen Prüfer oder gehört der Verband keinem Spitzenverband an, so hat das Registergericht auf Antrag des Vorstands der Genossenschaft oder des Verbandes einen Prüfer im Sinne des Satzes 1 zu bestellen. Der Vorstand ist verpflichtet, die Anträge unverzüglich zu stellen, soweit diese nicht vom Verband gestellt werden.

(3) Die Rechte und Pflichten des nach Absatz 2 bestellten Prüfers bestimmen sich nach den für den Verband geltenden Vorschriften dieses Gesetzes. Der Prüfer hat dem Verband eine Abschrift seines Prüfungsberichts vorzulegen.

§ 57 Prüfungsverfahren

(1) Der Vorstand der Genossenschaft hat dem Prüfer die Einsicht der Bücher und Schriften der Genossenschaft sowie die Untersuchung des Kassenbestandes und der Bestände an Wertpapieren und Waren zu gestatten; er hat ihm alle Aufklärungen und Nachweise zu geben, die der Prüfer für eine sorgfältige Prüfung benötigt. Das gilt auch, wenn es sich um die Vornahme einer vom Verband angeordneten außerordentlichen Prüfung handelt.

(2) Der Verband hat dem Vorsitzenden des Aufsichtsrats der Genossenschaft den Beginn der Prüfung rechtzeitig anzuzeigen. Der Vorsitzende des Aufsichtsrats hat die übrigen Mitglieder des

Aufsichtsrats von dem Beginn der Prüfung unverzüglich zu unterrichten und sie auf ihr Verlangen oder auf Verlangen des Prüfers zu der Prüfung zuzuziehen.

(3) Von wichtigen Feststellungen, nach denen dem Prüfer sofortige Maßnahmen des Aufsichtsrats erforderlich erscheinen, soll der Prüfer unverzüglich den Vorsitzenden des Aufsichtsrats in Kenntnis setzen.

(4) In unmittelbarem Zusammenhang mit der Prüfung soll der Prüfer in einer gemeinsamen Sitzung des Vorstands und des Aufsichtsrats der Genossenschaft über das voraussichtliche Ergebnis der Prüfung mündlich berichten. Er kann zu diesem Zwecke verlangen, dass der Vorstand oder der Vorsitzende des Aufsichtsrats zu einer solchen Sitzung einladen; wird seinem Verlangen nicht entsprochen, so kann er selbst Vorstand und Aufsichtsrat unter Mitteilung des Sachverhalts berufen.

(5) Ist eine Genossenschaft ein Unternehmen von öffentlichem Interesse nach § 316a Satz 2 Nummer 1 oder 2 des Handelsgesetzbuchs, so hat der Prüfer an einer gemeinsamen Sitzung des Vorstands und des Aufsichtsrats der Genossenschaft über das voraussichtliche Ergebnis der Prüfung teilzunehmen und über die wesentlichen Ergebnisse seiner Prüfung, insbesondere über wesentliche Schwächen des internen Kontroll- und des Risikomanagementsystems bezogen auf den Rechnungslegungsprozess, zu berichten. Er informiert über Umstände, die seine Befangenheit besorgen lassen, und über Leistungen, die er zusätzlich zu den Prüfungsleistungen erbracht hat.

(6) Ist nach der Satzung kein Aufsichtsrat zu bilden, werden die Rechte und Pflichten des Aufsichtsratsvorsitzenden nach den Absätzen 2 bis 4 durch einen von der Generalversammlung aus ihrer Mitte gewählten Bevollmächtigten wahrgenommen.

§ 57a Prüfungsbegleitende Qualitätssicherung

Ist die zu prüfende Genossenschaft kapitalmarktorientiert im Sinne des § 264d des Handelsgesetzbuchs oder ist sie ein CRR-Kreditinstitut im Sinne des § 1 Absatz 3d Satz 1 des Kreditwesengesetzes mit einer Bilanzsumme von mehr als 3 Milliarden Euro, hat in entsprechender Anwendung des Artikels 8 der Verordnung (EU) Nr. 537/2014 eine prüfungsbegleitende Qualitätssicherung stattzufinden. Die prüfungsbegleitende Qualitätssicherung darf nur von solchen fachlich und persönlich geeigneten Personen wahrgenommen werden, die an der Durchführung der Prüfung nicht beteiligt sind.

§ 58 Prüfungsbericht

(1) Der Verband hat über das Ergebnis der Prüfung schriftlich zu berichten. Auf den Prüfungsbericht ist, soweit er den Jahresabschluss und den Lagebericht betrifft, § 321 Abs. 1 bis 3 sowie 4a des Handelsgesetzbuchs entsprechend anzuwenden. Im Prüfungsbericht ist Stellung dazu zu nehmen, ob und auf welche Weise die Genossenschaft im Prüfungszeitraum einen zulässigen Förderzweck verfolgt hat.

(2) Auf die Prüfung von Genossenschaften, die die Größenmerkmale des § 267 Abs. 3 des Handelsgesetzbuchs erfüllen, ist § 322 des Handelsgesetzbuchs über den Bestätigungsvermerk entsprechend anzuwenden. Artikel 10 Absatz 2 Buchstabe g der Verordnung (EU) Nr. 537/2014 findet auf alle in § 55 Absatz 2 Satz 1 genannten Vertreter und Personen des Verbandes

entsprechende Anwendung; auf den Verband findet Artikel 10 Absatz 2 Buchstabe g der Verordnung (EU) Nr. 537/2014 keine Anwendung.

(3) Der Verband hat den Prüfungsbericht zu unterzeichnen und dem Vorstand der Genossenschaft sowie dem Vorsitzenden des Aufsichtsrats vorzulegen; § 57 Absatz 6 ist entsprechend anzuwenden, Artikel 11 Absatz 1, 2 Satz 1 und Absatz 4 der Verordnung (EU) Nr. 537/2014 ist nicht anzuwenden. Jedes Mitglied des Aufsichtsrats hat den Inhalt des Prüfungsberichts zur Kenntnis zu nehmen.

(4) Über das Ergebnis der Prüfung haben Vorstand und Aufsichtsrat der Genossenschaft in gemeinsamer Sitzung unverzüglich nach Eingang des Prüfungsberichts zu beraten; ist die Genossenschaft ein Unternehmen von öffentlichem Interesse nach § 316a Satz 2 Nummer 1 oder 2 des Handelsgesetzbuchs, so hat der Aufsichtsrat darzulegen, wie die Prüfung sowie die Befassung des Aufsichtsrats oder Prüfungsausschusses mit der Abschlussprüfung dazu beigetragen hat, dass die Rechnungslegung ordnungsgemäß ist. Verband und Prüfer sind berechtigt, an der Sitzung teilzunehmen; der Vorstand ist verpflichtet, den Verband von der Sitzung in Kenntnis zu setzen.

§ 59 Befassung der Generalversammlung

(1) Der Vorstand hat den Prüfungsbericht bei der Einberufung der nächsten Generalversammlung als Gegenstand der Beratung und möglichen Beschlussfassung anzukündigen. Jedes Mitglied hat das Recht, Einsicht in das zusammengefasste Ergebnis des Prüfungsberichts zu nehmen.

(2) In der Generalversammlung hat sich der Aufsichtsrat über wesentliche Feststellungen oder Beanstandungen der Prüfung zu erklären.

(3) Der Verband ist berechtigt, an der Generalversammlung beratend teilzunehmen; auf seinen Antrag oder auf Beschluss der Generalversammlung ist der Bericht ganz oder in bestimmten Teilen zu verlesen.

§ 60 Einberufungsrecht des Prüfungsverbandes

(1) Gewinnt der Verband die Überzeugung, dass die Beratung und mögliche Beschlussfassung über den Prüfungsbericht ungebührlich verzögert wird oder dass die Generalversammlung bei der Beratung und möglichen Beschlussfassung unzulänglich über wesentliche Feststellungen oder Beanstandungen des Prüfungsberichts unterrichtet war, so ist er berechtigt, eine außerordentliche Generalversammlung der Genossenschaft auf deren Kosten zu berufen und zu bestimmen, über welche Gegenstände zwecks Beseitigung festgestellter Mängel verhandelt und beschlossen werden soll.

(2) In der von dem Verband einberufenen Generalversammlung führt eine vom Verband bestimmte Person den Vorsitz.

§ 61 Vergütung des Prüfungsverbandes

Der Verband hat gegen die Genossenschaft Anspruch auf Erstattung angemessener barer Auslagen und auf Vergütung für seine Leistung.

§ 62 Verantwortlichkeit der Prüfungsorgane

(1) Verbände, Prüfer und Prüfungsgesellschaften sind zur gewissenhaften und unparteiischen Prüfung und zur Verschwiegenheit verpflichtet. Sie dürfen Geschäfts- und Betriebsgeheimnisse, die sie bei ihrer Tätigkeit erfahren haben, nicht unbefugt verwerten. Wer seine Pflichten vorsätzlich oder fahrlässig verletzt, haftet der Genossenschaft für den daraus entstehenden Schaden. Mehrere Personen haften als Gesamtschuldner.

(2) Die Ersatzpflicht von Personen, die fahrlässig gehandelt haben, beschränkt sich auf eine Million Euro für eine Prüfung. Dies gilt auch, wenn an der Prüfung mehrere Personen beteiligt gewesen oder mehrere zum Ersatz verpflichtende Handlungen begangen worden sind, und ohne Rücksicht darauf, ob andere Beteiligte vorsätzlich gehandelt haben.

(3) Der Verband kann einem Spitzenverband, dem er angehört, Abschriften der Prüfungsberichte mitteilen; der Spitzenverband darf sie so verwerten, wie es die Erfüllung der ihm obliegenden Pflichten erfordert. Der Verband ist berechtigt, der Bundesanstalt für Finanzdienstleistungsaufsicht eine Abschrift eines Prüfungsberichts ganz oder auszugsweise zur Verfügung zu stellen, wenn sich aus diesem Anhaltspunkte dafür ergeben, dass die geprüfte Genossenschaft keinen zulässigen Förderzweck verfolgt, sondern ihr Vermögen gemäß einer festgelegten Anlagestrategie investiert, so dass ein Investmentvermögen im Sinne des § 1 Absatz 1 des Kapitalanlagegesetzbuchs vorliegen könnte.

(4) Die Verpflichtung zur Verschwiegenheit nach Absatz 1 Satz 1 besteht, wenn eine Prüfungsgesellschaft die Prüfung vornimmt, auch gegenüber dem Aufsichtsrat und den Mitgliedern des Aufsichtsrats der Prüfungsgesellschaft. Der Vorsitzende des Aufsichtsrats der Prüfungsgesellschaft und sein Stellvertreter dürfen jedoch die von der Prüfungsgesellschaft erstatteten Berichte einsehen, die hierbei erlangten Kenntnisse aber nur verwerten, soweit es die Erfüllung der Überwachungspflicht des Aufsichtsrats erfordert.

(5) Die Haftung nach diesen Vorschriften kann durch Vertrag weder ausgeschlossen noch beschränkt werden; das Gleiche gilt von der Haftung des Verbandes für die Personen, deren er sich zur Vornahme der Prüfung bedient.

§ 63 Zuständigkeit für Verleihung des Prüfungsrechts

Das Prüfungsrecht wird dem Verband durch die zuständige oberste Landesbehörde (Aufsichtsbehörde) verliehen, in deren Gebiet der Verband seinen Sitz hat. Die Landesregierungen werden ermächtigt, die Zuständigkeiten nach Satz 1 und § 64 Abs. 1 durch Rechtsverordnung auf eine andere Behörde zu übertragen. Mehrere Länder können die Errichtung einer gemeinsamen Behörde oder die Ausdehnung der Zuständigkeit einer Behörde über die Landesgrenzen hinaus vereinbaren.

§ 63a Verleihung des Prüfungsrechts

(1) Dem Antrag auf Verleihung des Prüfungsrechts darf nur stattgegeben werden, wenn der Verband die Gewähr für die Erfüllung der von ihm zu übernehmenden Aufgaben bietet.

(2) Die Aufsichtsbehörde kann die Verleihung des Prüfungsrechts von der Erfüllung von Auflagen und insbesondere davon abhängig machen, dass der Verband sich gegen Schadensersatzansprüche aus der Prüfungstätigkeit in ausreichender Höhe versichert oder den Nachweis führt, dass eine andere ausreichende Sicherstellung erfolgt ist.

§ 63b Rechtsform, Mitglieder und Zweck des Prüfungsverbandes

(1) Der Verband soll die Rechtsform des eingetragenen Vereins haben. Eine andere Rechtsform ist nur zulässig, wenn sichergestellt ist, dass der Verband ohne Gewinnerzielungsabsicht handelt.

(2) Mitglieder des Verbandes können nur eingetragene Genossenschaften und ohne Rücksicht auf ihre Rechtsform solche Unternehmen oder andere Vereinigungen sein, die sich ganz oder überwiegend in der Hand eingetragener Genossenschaften befinden oder dem Genossenschaftswesen dienen. Ob diese Voraussetzungen vorliegen, entscheidet im Zweifelsfall die Aufsichtsbehörde. Sie kann Ausnahmen von der Vorschrift des Satzes 1 zulassen, wenn ein wichtiger Grund vorliegt.

(3) Mitglieder des Verbandes, die nicht eingetragene Genossenschaften sind und anderen gesetzlichen Prüfungsvorschriften unterliegen, bleiben trotz ihrer Zugehörigkeit zum Verband diesen anderen Prüfungsvorschriften unterworfen und unterliegen nicht der Prüfung nach diesem Gesetz.

(4) Der Verband muss unbeschadet der Vorschriften des Absatzes 3 die Prüfung seiner Mitglieder und kann auch sonst die gemeinsame Wahrnehmung ihrer Interessen, insbesondere die Unterhaltung gegenseitiger Geschäftsbeziehungen zum Zweck haben. Andere Zwecke darf er nicht verfolgen.

(5) Dem Vorstand des Prüfungsverbandes soll mindestens ein Wirtschaftsprüfer angehören. Gehört dem Vorstand kein Wirtschaftsprüfer an, so muss der Prüfungsverband einen Wirtschaftsprüfer als seinen besonderen Vertreter nach § 30 des Bürgerlichen Gesetzbuchs bestellen. Die Aufsichtsbehörde kann den Prüfungsverband bei Vorliegen besonderer Umstände von der Einhaltung der Sätze 1 und 2 befreien, jedoch höchstens für die Dauer eines Jahres. In Ausnahmefällen darf sie auch eine Befreiung auf längere Dauer gewähren, wenn und solange nach Art und Umfang des Geschäftsbetriebes der Mitglieder des Prüfungsverbandes eine Prüfung durch Wirtschaftsprüfer nicht erforderlich ist.

(6) Mitgliederversammlungen des Verbandes dürfen nur innerhalb des Verbandsbezirkes abgehalten werden.

§ 63c Satzung des Prüfungsverbandes

(1) Die Satzung des Verbandes muss enthalten:

1. die Zwecke des Verbandes;

2. den Namen; er soll sich von dem Namen anderer bereits bestehender Verbände deutlich unterscheiden;

3. den Sitz;

4. den Bezirk.

(2) Die Satzung soll ferner Bestimmungen enthalten über Auswahl und Befähigungsnachweis der anzustellenden Prüfer, über Art und Umfang der Prüfungen sowie, soweit der Prüfungsverband gesetzlich vorgeschriebene Abschlussprüfungen von Genossenschaften im Sinne des § 53 Absatz 2, im Sinn des § 340k Abs. 2 Satz 1 des Handelsgesetzbuchs, im Sinn des Artikels 25 Abs. 1 Satz 1 des Einführungsgesetzes zum Handelsgesetzbuch durchführt oder den Konzernabschluss einer Genossenschaft nach § 14 Abs. 1 des Publizitätsgesetzes prüft, über die Registrierung als Abschlussprüfer, über die Bindung an die Berufsgrundsätze und die Beachtung der Prüfungsstandards entsprechend den für Wirtschaftsprüfungsgesellschaften geltenden Bestimmungen, über Berufung, Sitz, Aufgaben und Befugnisse des Vorstands und über die sonstigen Organe des Verbandes.

(3) Änderungen der Satzung, die nach den Absätzen 1 und 2 notwendige Bestimmungen zum Gegenstand haben, sind der Aufsichtsbehörde unverzüglich anzuzeigen.

§ 63d Einreichungen bei Gericht

Der Verband hat den Registergerichten, in deren Bezirk die ihm angehörenden Genossenschaften ihren Sitz haben, die Satzung mit einer beglaubigten Abschrift der Verleihungsurkunde sowie jährlich im Monat Januar ein Verzeichnis der ihm angehörenden Genossenschaften einzureichen. Wurde bei einer dieser Genossenschaften im letzten sich aus § 53 Absatz 1 ergebenden Prüfungszeitraum keine Pflichtprüfung durchgeführt, ist dies in einer Anlage zum Verzeichnis unter Angabe der Gründe für die ausstehende Prüfung anzugeben. Liegt der Grund darin, dass die betreffende Genossenschaft auch Mitglied bei einem anderen Prüfungsverband ist und dieser andere Verband die Prüfung durchführt, ist der Name dieses anderen Verbandes anzugeben.

§ 63e Qualitätskontrolle für Prüfungsverbände

(1) Die Prüfungsverbände sind verpflichtet, sich im Abstand von jeweils sechs Jahren einer Qualitätskontrolle nach Maßgabe der §§ 63f und 63g zu unterziehen. Prüft ein Prüfungsverband auch eine Genossenschaft, eine in Artikel 25 Abs. 1 Satz 1 Nr. 1 des Einführungsgesetzes zum Handelsgesetzbuch genannte Gesellschaft oder ein in Artikel 25 Abs. 1 Satz 1 Nr. 2 des Einführungsgesetzes zum Handelsgesetzbuch genanntes Unternehmen, die Unternehmen von öffentlichem Interesse nach § 316a Satz 2 Nummer 1 oder 2 des Handelsgesetzbuchs sind, verringert sich der Abstand auf drei Jahre. Ein Prüfungsverband, der keine gesetzlich vorgeschriebene Abschlussprüfung durchführt, ist nicht verpflichtet, sich einer Qualitätskontrolle zu unterziehen.

(2) Die Qualitätskontrolle dient der Überwachung, ob die Grundsätze und Maßnahmen zur Qualitätssicherung nach Maßgabe der gesetzlichen Vorschriften insgesamt und bei der Durchführung einzelner Aufträge eingehalten werden. Sie erstreckt sich auf die Prüfungen nach § 53 Abs. 1 und 2 bei den in § 53 Abs. 2 Satz 1 bezeichneten Genossenschaften und die Prüfungen bei den in Artikel 25 Abs. 1 Satz 1 des Einführungsgesetzes zum Handelsgesetzbuche genannten Gesellschaften und Unternehmen, die keine kleinen Kapitalgesellschaften im Sinne des § 267 Absatz 1 des Handelsgesetzbuchs sind.

(3) Der Prüfungsverband hat der zuständigen Aufsichtsbehörde die erfolgte Durchführung einer Qualitätskontrolle mitzuteilen.

(4) Ein Prüfungsverband, der erstmalig eine gesetzlich vorgeschriebene Abschlussprüfung durchführt, hat sich spätestens drei Jahre nach deren Beginn einer Qualitätskontrolle zu unterziehen.

§ 63f Prüfer für Qualitätskontrolle

(1) Die Qualitätskontrolle wird durch Prüfungsverbände nach Maßgabe des Absatzes 2 oder durch Wirtschaftsprüfer oder Wirtschaftsprüfungsgesellschaften durchgeführt, die nach § 57a Abs. 3 der Wirtschaftsprüferordnung als Prüfer für Qualitätskontrolle registriert sind.

(2) Ein Prüfungsverband ist auf Antrag bei der Wirtschaftsprüferkammer als Prüfer für Qualitätskontrolle zu registrieren, wenn

1. ihm das Prüfungsrecht seit mindestens drei Jahren zusteht;

2. mindestens ein Mitglied seines Vorstands oder ein nach § 30 des Bürgerlichen Gesetzbuchs bestellter besonderer Vertreter ein Wirtschaftsprüfer ist, der als Prüfer für Qualitätskontrolle nach § 57a Abs. 3 der Wirtschaftsprüferordnung registriert ist;

3. der Prüfungsverband nach § 40a Absatz 1 Satz 1 der Wirtschaftsprüferordnung eingetragen ist.

Wird einem Prüfungsverband der Auftrag zur Durchführung einer Qualitätskontrolle erteilt, so muss der für die Qualitätskontrolle verantwortliche Wirtschaftsprüfer die Voraussetzungen des Satzes 1 Nr. 2 erfüllen.

(3) § 57a Absatz 3a Satz 1 und Absatz 4 der Wirtschaftsprüferordnung ist entsprechend anzuwenden.

§ 63g Durchführung der Qualitätskontrolle

(1) Der Prüfungsverband muss Mitglied der Wirtschaftsprüferkammer nach Maßgabe des § 58 Abs. 2 Satz 2 der Wirtschaftsprüferordnung sein. Er erteilt einem Prüfer für Qualitätskontrolle den Auftrag zur Durchführung der Qualitätskontrolle. § 57a Abs. 7 der Wirtschaftsprüferordnung über die Kündigung des Auftrags ist entsprechend anzuwenden.

(2) Auf das Prüfungsverfahren sind § 57a Absatz 5, 5b, 6, 6a Satz 1 sowie Absatz 8, die §§ 57b bis 57e Absatz 1, 2 Satz 1, 2 und 4 und Absatz 3 Satz 1, § 66a Absatz 1 Satz 1, Absatz 3 Satz 1 bis 3, Absatz 5 Satz 1 und § 66b der Wirtschaftsprüferordnung entsprechend anzuwenden. Die Ergebnisse einer Inspektion nach § 63h sind im Rahmen der Qualitätskontrolle zu berücksichtigen. Soweit dies zur Durchführung der Qualitätskontrolle erforderlich ist, ist die Pflicht zur Verschwiegenheit nach § 62 Abs. 1 eingeschränkt.

(3) Die Kommission für Qualitätskontrolle nach § 57e Absatz 1 der Wirtschaftsprüferordnung hat die zuständige Aufsichtsbehörde unverzüglich zu unterrichten, wenn ein Prüfungsverband wegen fehlender Durchführung der Qualitätskontrolle aus dem Register nach § 40a der Wirtschaftsprüferordnung gelöscht werden soll.

§ 63h Inspektionen

Führt ein Prüfungsverband die gesetzlich vorgeschriebene Abschlussprüfung bei einem Unternehmen durch, das kapitalmarktorientiert im Sinne des § 264d des Handelsgesetzbuchs ist, können bei diesem Prüfungsverband Inspektionen in entsprechender Anwendung des § 62b der Wirtschaftsprüferordnung stichprobenartig ohne besonderen Anlass durchgeführt werden. § 57e Absatz 6 Satz 2, § 62 Absatz 4 und 5 sowie die §§ 66a und 66b der Wirtschaftsprüferordnung gelten entsprechend. Die Wirtschaftsprüferkammer hat der Aufsichtsbehörde das Ergebnis der Inspektion mitzuteilen. Im Übrigen findet Artikel 26 der Verordnung (EU) Nr. 537/2014 keine Anwendung.

§ 64 Staatsaufsicht

(1) Die genossenschaftlichen Prüfungsverbände unterliegen der Aufsicht durch die zuständige Aufsichtsbehörde.

(2) Die Aufsichtsbehörde kann die erforderlichen Maßnahmen ergreifen, um sicherzustellen, dass der Verband die ihm nach diesem Gesetz obliegenden Aufgaben ordnungsgemäß erfüllt. Die Aufsichtsbehörde ist insbesondere befugt,

1. von dem Verband Auskunft über alle seine Aufgabenerfüllung betreffenden Angelegenheiten sowie Vorlage von Prüfungsberichten und anderen geschäftlichen Unterlagen zu verlangen,

2. von dem Verband regelmäßige Berichte nach festgelegten Kriterien zu verlangen,

3. an der Mitgliederversammlung des Verbandes durch einen Beauftragten teilzunehmen,

4. bei Bedarf Untersuchungen bei dem Verband durchzuführen und hierzu Dritte heranzuziehen.

Die mit der Durchführung von Aufsichtsmaßnahmen betrauten Personen und die mit Untersuchungen beauftragten Dritten sind berechtigt, die Geschäftsräume des Verbandes während der Geschäfts- und Arbeitszeiten zu betreten, um Untersuchungen vorzunehmen oder sonst Feststellungen zu treffen, die zur Ausübung der Aufsicht erforderlich sind. Bei einem Verband, der nur solche Genossenschaften prüft, die nicht unter § 53 Absatz 2 Satz 1 fallen, hat die Aufsichtsbehörde mindestens alle zehn Jahre eine Untersuchung nach Satz 2 Nummer 4 durchzuführen, es sei denn, der Verband weist die freiwillige Durchführung einer Qualitätskontrolle oder einer anderen geeigneten Organisationsuntersuchung nach.

(3) Für Amtshandlungen nach dieser Vorschrift kann die zuständige Behörde zur Deckung des Verwaltungsaufwands Kosten (Gebühren und Auslagen) erheben. Die Landesregierungen werden ermächtigt, durch Verordnung die Gebührentatbestände sowie die Gebührenhöhe festzulegen. Sie können die Ermächtigung auf die zuständigen obersten Landesbehörden übertragen. Die Kosten, die der Aufsichtsbehörde durch eine nach Absatz 2 Satz 2 Nummer 4 vorgenommene Untersuchung entstehen, sind ihr von dem betroffenen Verband gesondert zu erstatten und auf Verlangen vorzuschießen.

§ 64a Entziehung des Prüfungsrechts

Die Aufsichtsbehörde kann dem Verband das Prüfungsrecht entziehen, wenn der Verband nicht mehr die Gewähr für die Erfüllung seiner Aufgaben bietet. Vor der Entziehung ist der Vorstand des Verbandes anzuhören. Die Entziehung ist den in § 63d genannten Gerichten mitzuteilen.

§ 64b Bestellung eines Prüfungsverbandes

Gehört eine Genossenschaft keinem Prüfungsverband an, so kann das Gericht einen Prüfungsverband zur Wahrnehmung der im Gesetz den Prüfungsverbänden übertragenen Aufgaben bestellen. Dabei sollen die fachliche Eigenart und der Sitz der Genossenschaft berücksichtigt werden.

§ 64c Prüfung aufgelöster Genossenschaften

Auch aufgelöste Genossenschaften unterliegen den Vorschriften dieses Abschnitts.

Abschnitt 5
Beendigung der Mitgliedschaft

§ 65 Kündigung des Mitglieds

(1) Jedes Mitglied hat das Recht, seine Mitgliedschaft durch Kündigung zu beenden.

(2) Die Kündigung kann nur zum Schluss eines Geschäftsjahres und mindestens drei Monate vor dessen Ablauf in schriftlicher Form erklärt werden. In der Satzung kann eine längere, höchstens fünfjährige Kündigungsfrist bestimmt werden. Bei Genossenschaften, bei denen mehr als drei Viertel der Mitglieder als Unternehmer im Sinne des § 14 des Bürgerlichen Gesetzbuchs Mitglied sind, kann die Satzung zum Zweck der Sicherung der Finanzierung des Anlagevermögens für die Unternehmer eine Kündigungsfrist bis zu zehn Jahre bestimmen.

(3) Entgegen einer in der Satzung bestimmten Kündigungsfrist von mehr als zwei Jahren kann jedes Mitglied, das der Genossenschaft mindestens ein volles Geschäftsjahr angehört hat, seine Mitgliedschaft durch Kündigung vorzeitig beenden, wenn ihm nach seinen persönlichen oder wirtschaftlichen Verhältnissen ein Verbleib in der Genossenschaft bis zum Ablauf der Kündigungsfrist nicht zugemutet werden kann. Die Kündigung ist in diesem Fall mit einer Frist von drei Monaten zum Schluss eines Geschäftsjahres zu erklären, zu dem das Mitglied nach der Satzung noch nicht kündigen kann.

(4) Die Mitgliedschaft endet nicht, wenn die Genossenschaft vor dem Zeitpunkt, zu dem die Kündigung wirksam geworden wäre, aufgelöst wird. Die Auflösung der Genossenschaft steht der Beendigung der Mitgliedschaft nicht entgegen, wenn die Fortsetzung der Genossenschaft beschlossen wird. In diesem Fall wird der Zeitraum, während dessen die Genossenschaft aufgelöst war, bei der Berechnung der Kündigungsfrist mitgerechnet; die Mitgliedschaft endet jedoch

frühestens zum Schluss des Geschäftsjahres, in dem der Beschluss über die Fortsetzung der Genossenschaft in das Genossenschaftsregister eingetragen wird.

(5) Vereinbarungen, die gegen die vorstehenden Absätze verstoßen, sind unwirksam.

§ 66 Kündigung durch Gläubiger

(1) Der Gläubiger eines Mitglieds, der die Pfändung und Überweisung eines dem Mitglied bei der Auseinandersetzung mit der Genossenschaft zustehenden Guthabens erwirkt hat, nachdem innerhalb der letzten sechs Monate eine Zwangsvollstreckung in das Vermögen des Mitglieds fruchtlos verlaufen ist, kann das Kündigungsrecht des Mitglieds an dessen Stelle ausüben. Die Ausübung des Kündigungsrechts ist ausgeschlossen, solange der Schuldtitel nur vorläufig vollstreckbar ist.

(2) Der Kündigung muss eine beglaubigte Abschrift der vollstreckbaren Ausfertigung des Titels und der Bescheinigungen über den fruchtlosen Verlauf der Zwangsvollstreckung in das Vermögen des Schuldners beigefügt werden.

§ 66a Kündigung im Insolvenzverfahren

Wird das Insolvenzverfahren über das Vermögen eines Mitglieds eröffnet und ein Insolvenzverwalter bestellt, so kann der Insolvenzverwalter das Kündigungsrecht des Mitglieds an dessen Stelle ausüben.

§ 67 Beendigung der Mitgliedschaft wegen Aufgabe des Wohnsitzes

Ist nach der Satzung die Mitgliedschaft an den Wohnsitz innerhalb eines bestimmten Bezirks geknüpft, kann ein Mitglied, das seinen Wohnsitz in diesem Bezirk aufgibt, seine Mitgliedschaft ohne Einhaltung einer Kündigungsfrist zum Schluss des Geschäftsjahres kündigen; die Kündigung bedarf der Schriftform. Über die Aufgabe des Wohnsitzes ist die Bescheinigung einer Behörde vorzulegen.

§ 67a Außerordentliches Kündigungsrecht

(1) Wird eine Änderung der Satzung beschlossen, die einen der in § 16 Abs. 2 Satz 1 Nr. 2 bis 5, 9 bis 11 oder Abs. 3 aufgeführten Gegenstände oder eine wesentliche Änderung des Gegenstandes des Unternehmens betrifft, kann kündigen:

1. jedes in der Generalversammlung erschienene Mitglied, wenn es gegen den Beschluss Widerspruch zur Niederschrift erklärt hat oder wenn die Aufnahme seines Widerspruchs in die Niederschrift verweigert worden ist;

2. jedes in der Generalversammlung nicht erschienene Mitglied, wenn es zu der Generalversammlung zu Unrecht nicht zugelassen worden ist oder die Versammlung nicht ordnungsgemäß einberufen oder der Gegenstand der Beschlussfassung nicht ordnungsgemäß angekündigt worden ist.

Hat eine Vertreterversammlung die Änderung der Satzung beschlossen, kann jedes Mitglied kündigen; für die Vertreter gilt Satz 1.

(2) Die Kündigung bedarf der Schriftform. Sie kann nur innerhalb eines Monats zum Schluss des Geschäftsjahres erklärt werden. Die Frist beginnt in den Fällen des Absatzes 1 Satz 1 Nr. 1 mit der Beschlussfassung, in den Fällen des Absatzes 1 Satz 1 Nr. 2 mit der Erlangung der Kenntnis von der Beschlussfassung. Ist der Zeitpunkt der Kenntniserlangung streitig, trägt die Genossenschaft die Beweislast. Im Falle der Kündigung wirkt die Änderung der Satzung weder für noch gegen das Mitglied.

§ 67b Kündigung einzelner Geschäftsanteile

(1) Ein Mitglied, das mit mehreren Geschäftsanteilen beteiligt ist, kann die Beteiligung mit einem oder mehreren seiner weiteren Geschäftsanteile zum Schluss eines Geschäftsjahres durch schriftliche Erklärung kündigen, soweit es nicht nach der Satzung oder einer Vereinbarung mit der Genossenschaft zur Beteiligung mit mehreren Geschäftsanteilen verpflichtet ist oder die Beteiligung mit mehreren Geschäftsanteilen Voraussetzung für eine von dem Mitglied in Anspruch genommene Leistung der Genossenschaft ist.

(2) § 65 Abs. 2 bis 5 gilt sinngemäß.

§ 67c Kündigungsausschluss bei Wohnungsgenossenschaften

(1) Die Kündigung der Mitgliedschaft in einer Wohnungsgenossenschaft durch den Gläubiger (§ 66) oder den Insolvenzverwalter (§ 66a) ist ausgeschlossen, wenn

1. die Mitgliedschaft Voraussetzung für die Nutzung der Wohnung des Mitglieds ist und

2. das Geschäftsguthaben des Mitglieds höchstens das Vierfache des auf einen Monat entfallenden Nutzungsentgelts ohne die als Pauschale oder Vorauszahlung ausgewiesenen Betriebskosten oder höchstens 2 000 Euro beträgt.

(2) Übersteigt das Geschäftsguthaben des Mitglieds den Betrag nach Absatz 1 Nummer 2, ist die Kündigung der Mitgliedschaft nach Absatz 1 auch dann ausgeschlossen, wenn es durch Kündigung einzelner Geschäftsanteile nach § 67b auf einen nach Absatz 1 Nummer 2 zulässigen Betrag vermindert werden kann.

§ 68 Ausschluss eines Mitglieds

(1) Die Gründe, aus denen ein Mitglied aus der Genossenschaft ausgeschlossen werden kann, müssen in der Satzung bestimmt sein. Ein Ausschluss ist nur zum Schluss eines Geschäftsjahres zulässig.

(2) Der Beschluss, durch den das Mitglied ausgeschlossen wird, ist dem Mitglied vom Vorstand unverzüglich durch eingeschriebenen Brief mitzuteilen. Das Mitglied verliert ab dem Zeitpunkt der Absendung der Mitteilung das Recht auf Teilnahme an der Generalversammlung oder der Vertreterversammlung sowie seine Mitgliedschaft im Vorstand oder Aufsichtsrat.

§ 69 Eintragung in die Mitgliederliste

In den Fällen der §§ 65 bis 67a und 68 ist der Zeitpunkt der Beendigung der Mitgliedschaft, im Falle des § 67b sind der Zeitpunkt der Herabsetzung der Zahl der Geschäftsanteile sowie die Zahl der verbliebenen weiteren Geschäftsanteile unverzüglich in die Mitgliederliste einzutragen; das Mitglied ist hiervon unverzüglich zu benachrichtigen.

§§ 70 bis 72 (weggefallen)

§ 73 Auseinandersetzung mit ausgeschiedenem Mitglied

(1) Nach Beendigung der Mitgliedschaft erfolgt eine Auseinandersetzung der Genossenschaft mit dem ausgeschiedenen Mitglied. Sie bestimmt sich nach der Vermögenslage der Genossenschaft und der Zahl ihrer Mitglieder zum Zeitpunkt der Beendigung der Mitgliedschaft.

(2) Die Auseinandersetzung erfolgt unter Zugrundelegung der Bilanz. Das Geschäftsguthaben des Mitglieds ist vorbehaltlich des Absatzes 4 und des § 8a Abs. 2 binnen sechs Monaten nach Beendigung der Mitgliedschaft auszuzahlen. Auf die Rücklagen und das sonstige Vermögen der Genossenschaft hat das Mitglied vorbehaltlich des Absatzes 3 keinen Anspruch. Reicht das Vermögen einschließlich der Rücklagen und aller Geschäftsguthaben zur Deckung der Schulden der Genossenschaft nicht aus, hat das ehemalige Mitglied von dem Fehlbetrag den ihn betreffenden Anteil an die Genossenschaft zu zahlen, soweit es im Falle des Insolvenzverfahrens Nachschüsse an die Genossenschaft zu leisten gehabt hätte; der Anteil wird nach der Kopfzahl der Mitglieder berechnet, soweit nicht die Satzung eine abweichende Berechnung bestimmt.

(3) Die Satzung kann Mitgliedern, die ihren Geschäftsanteil voll eingezahlt haben, für den Fall der Beendigung der Mitgliedschaft einen Anspruch auf Auszahlung eines Anteils an einer zu diesem Zweck aus dem Jahresüberschuss zu bildenden Ergebnisrücklage einräumen. Die Satzung kann den Anspruch von einer Mindestdauer der Mitgliedschaft abhängig machen sowie weitere Erfordernisse aufstellen und Beschränkungen des Anspruchs vorsehen. Absatz 2 Satz 2 ist entsprechend anzuwenden.

(4) Die Satzung kann die Voraussetzungen, die Modalitäten und die Frist für die Auszahlung des Auseinandersetzungsguthabens abweichend von Absatz 2 Satz 2 regeln; eine Bestimmung, nach der über Voraussetzungen oder Zeitpunkt der Auszahlung ausschließlich der Vorstand zu entscheiden hat, ist unwirksam.

§ 74 (weggefallen)

-

§ 75 Fortdauer der Mitgliedschaft bei Auflösung der Genossenschaft

Wird die Genossenschaft binnen sechs Monaten nach Beendigung der Mitgliedschaft eines Mitglieds aufgelöst, gilt die Beendigung der Mitgliedschaft als nicht erfolgt. Wird die Fortsetzung der Genossenschaft beschlossen, gilt die Beendigung der Mitgliedschaft als zum Schluss des Geschäftsjahres erfolgt, in dem der Beschluss über die Fortsetzung der Genossenschaft in das Genossenschaftsregister eingetragen ist.

§ 76 Übertragung des Geschäftsguthabens

(1) Jedes Mitglied kann sein Geschäftsguthaben jederzeit durch schriftliche Vereinbarung einem anderen ganz oder teilweise übertragen und hierdurch seine Mitgliedschaft ohne Auseinandersetzung beenden oder die Anzahl seiner Geschäftsanteile verringern, sofern der Erwerber, im Fall einer vollständigen Übertragung anstelle des Mitglieds, der Genossenschaft beitritt oder bereits Mitglied der Genossenschaft ist und das bisherige Geschäftsguthaben dieses Mitglieds mit dem ihm zuzuschreibenden Betrag den Geschäftsanteil nicht übersteigt. Eine teilweise Übertragung von Geschäftsguthaben ist unwirksam, soweit das Mitglied nach der Satzung oder einer Vereinbarung mit der Genossenschaft zur Beteiligung mit mehreren Geschäftsanteilen verpflichtet ist oder die Beteiligung mit mehreren Geschäftsanteilen Voraussetzung für eine von dem Mitglied in Anspruch genommene Leistung der Genossenschaft ist.

(2) Die Satzung kann eine vollständige oder teilweise Übertragung von Geschäftsguthaben ausschließen oder an weitere Voraussetzungen knüpfen; dies gilt nicht für die Fälle, in denen in der Satzung nach § 65 Abs. 2 Satz 3 eine Kündigungsfrist von mehr als fünf Jahren bestimmt oder nach § 8a oder § 73 Abs. 4 der Anspruch nach § 73 Abs. 2 Satz 2 auf Auszahlung des Auseinandersetzungsguthabens eingeschränkt ist.

(3) Auf die Beendigung der Mitgliedschaft und die Verringerung der Anzahl der Geschäftsanteile ist § 69 entsprechend anzuwenden.

(4) Wird die Genossenschaft binnen sechs Monaten nach der Beendigung der Mitgliedschaft aufgelöst, hat das ehemalige Mitglied im Fall der Eröffnung des Insolvenzverfahrens die Nachschüsse, zu deren Zahlung es verpflichtet gewesen sein würde, insoweit zu leisten, als der Erwerber diese nicht leisten kann.

(5) Darf sich nach der Satzung ein Mitglied mit mehr als einem Geschäftsanteil beteiligen, so gelten diese Vorschriften mit der Maßgabe, dass die Übertragung des Geschäftsguthabens auf ein anderes Mitglied zulässig ist, sofern das Geschäftsguthaben des Erwerbers nach Zuschreibung des Geschäftsguthabens des Veräußerers den Gesamtbetrag der Geschäftsanteile, mit denen der Erwerber beteiligt ist oder sich beteiligt, nicht übersteigt.

§ 77 Tod des Mitglieds

(1) Mit dem Tod eines Mitglieds geht die Mitgliedschaft auf den Erben über. Sie endet mit dem Schluss des Geschäftsjahres, in dem der Erbfall eingetreten ist. Mehrere Erben können das Stimmrecht in der Generalversammlung nur durch einen gemeinschaftlichen Vertreter ausüben.

(2) Die Satzung kann bestimmen, dass im Falle des Todes eines Mitglieds dessen Mitgliedschaft in der Genossenschaft durch dessen Erben fortgesetzt wird. Die Satzung kann die Fortsetzung der Mitgliedschaft von persönlichen Voraussetzungen des Rechtsnachfolgers abhängig machen. Für den Fall der Beerbung des Erblassers durch mehrere Erben kann auch bestimmt werden, dass die Mitgliedschaft endet, wenn sie nicht innerhalb einer in der Satzung festgesetzten Frist einem Miterben allein überlassen worden ist.

(3) Der Tod des Mitglieds sowie der Zeitpunkt der Beendigung der Mitgliedschaft, im Falle des Absatzes 2 auch die Fortsetzung der Mitgliedschaft durch einen oder mehrere Erben, sind

unverzüglich in die Mitgliederliste einzutragen. Die Erben des verstorbenen Mitglieds sind unverzüglich von der Eintragung zu benachrichtigen.

(4) Bei Beendigung der Mitgliedschaft des Erben gelten die §§ 73 und 75, im Falle der Fortsetzung der Mitgliedschaft gilt § 76 Abs. 4 entsprechend.

§ 77a Auflösung oder Erlöschen einer juristischen Person oder Personengesellschaft

Wird eine juristische Person oder eine Personengesellschaft aufgelöst oder erlischt sie, so endet die Mitgliedschaft mit dem Abschluss des Geschäftsjahres, in dem die Auflösung oder das Erlöschen wirksam geworden ist. Im Falle der Gesamtrechtsnachfolge wird die Mitgliedschaft bis zum Schluss des Geschäftsjahres durch den Gesamtrechtsnachfolger fortgesetzt. Die Beendigung der Mitgliedschaft ist unverzüglich in die Mitgliederliste einzutragen; das Mitglied oder der Gesamtrechtsnachfolger ist hiervon unverzüglich zu benachrichtigen.

Abschnitt 6
Auflösung und Nichtigkeit der Genossenschaft

§ 78 Auflösung durch Beschluss der Generalversammlung

(1) Die Genossenschaft kann durch Beschluss der Generalversammlung jederzeit aufgelöst werden; der Beschluss bedarf einer Mehrheit, die mindestens drei Viertel der abgegebenen Stimmen umfasst. Die Satzung kann eine größere Mehrheit und weitere Erfordernisse bestimmen.

(2) Die Auflösung ist durch den Vorstand unverzüglich zur Eintragung in das Genossenschaftsregister anzumelden.

§§ 78a und 78b (weggefallen)

§ 79 Auflösung durch Zeitablauf

(1) Ist die Genossenschaft nach der Satzung auf eine bestimmte Zeit beschränkt, ist sie mit dem Ablauf der bestimmten Zeit aufgelöst.

(2) § 78 Abs. 2 ist anzuwenden.

§ 79a Fortsetzung der aufgelösten Genossenschaft

(1) Ist die Genossenschaft durch Beschluss der Generalversammlung oder durch Zeitablauf aufgelöst worden, kann die Generalversammlung, solange noch nicht mit der Verteilung des nach Berichtigung der Schulden verbleibenden Vermögens an die Mitglieder begonnen ist, die Fortsetzung der Genossenschaft beschließen; der Beschluss bedarf einer Mehrheit, die mindestens drei Viertel der abgegebenen Stimmen umfasst. Die Satzung kann eine größere Mehrheit und weitere

Erfordernisse bestimmen. Die Fortsetzung kann nicht beschlossen werden, wenn die Mitglieder nach § 87a Abs. 2 zu Zahlungen herangezogen worden sind.

(2) Vor der Beschlussfassung ist der Prüfungsverband, dem die Genossenschaft angehört, darüber zu hören, ob die Fortsetzung der Genossenschaft mit den Interessen der Mitglieder vereinbar ist.

(3) Das Gutachten des Prüfungsverbandes ist in jeder über die Fortsetzung der Genossenschaft beratenden Generalversammlung zu verlesen. Dem Prüfungsverband ist Gelegenheit zu geben, das Gutachten in der Generalversammlung zu erläutern.

(4) Ist die Fortsetzung der Genossenschaft nach dem Gutachten des Prüfungsverbandes mit den Interessen der Mitglieder nicht vereinbar, bedarf der Beschluss einer Mehrheit von drei Vierteln der Mitglieder in zwei mit einem Abstand von mindestens einem Monat aufeinander folgenden Generalversammlungen; Absatz 1 Satz 2 gilt entsprechend.

(5) Die Fortsetzung der Genossenschaft ist durch den Vorstand unverzüglich zur Eintragung in das Genossenschaftsregister anzumelden. Der Vorstand hat bei der Anmeldung die Versicherung abzugeben, dass der Beschluss der Generalversammlung zu einer Zeit gefasst wurde, zu der noch nicht mit der Verteilung des nach der Berichtigung der Schulden verbleibenden Vermögens der Genossenschaft an die Mitglieder begonnen worden war.

§ 80 Auflösung durch das Gericht

(1) Hat die Genossenschaft weniger als drei Mitglieder, hat das Registergericht auf Antrag des Vorstands und, wenn der Antrag nicht binnen sechs Monaten erfolgt, von Amts wegen nach Anhörung des Vorstands die Auflösung der Genossenschaft auszusprechen. Bei der Bestimmung der Mindestmitgliederzahl nach Satz 1 bleiben investierende Mitglieder außer Betracht.

(2) Der gerichtliche Beschluss ist der Genossenschaft zuzustellen. Gegen den Beschluss steht der Genossenschaft die sofortige Beschwerde nach der Zivilprozessordnung zu. Mit der Rechtskraft des Beschlusses ist die Genossenschaft aufgelöst.

§ 81 Auflösung auf Antrag der obersten Landesbehörde

(1) Gefährdet eine Genossenschaft durch gesetzwidriges Verhalten ihrer Verwaltungsträger das Gemeinwohl und sorgen die Generalversammlung und der Aufsichtsrat nicht für eine Abberufung der Verwaltungsträger oder ist der Zweck der Genossenschaft entgegen § 1 nicht auf die Förderung der Mitglieder gerichtet, kann die Genossenschaft auf Antrag der zuständigen obersten Landesbehörde, in deren Bezirk die Genossenschaft ihren Sitz hat, durch Urteil aufgelöst werden. Ausschließlich zuständig für die Klage ist das Landgericht, in dessen Bezirk die Genossenschaft ihren Sitz hat.

(2) Nach der Auflösung findet die Liquidation nach den §§ 83 bis 93 statt. Den Antrag auf Bestellung oder Abberufung der Liquidatoren kann auch die in Absatz 1 Satz 1 bestimmte Behörde stellen.

(3) Ist die Auflösungsklage erhoben, kann das Gericht auf Antrag der in Absatz 1 Satz 1 bestimmten Behörde durch einstweilige Verfügung die nötigen Anordnungen treffen.

(4) Die Entscheidungen des Gerichts sind dem Registergericht mitzuteilen. Dieses trägt sie, soweit eintragungspflichtige Rechtsverhältnisse betroffen sind, in das Genossenschaftsregister ein.

§ 81a Auflösung bei Insolvenz

Die Genossenschaft wird aufgelöst

1. mit der Rechtskraft des Beschlusses, durch den die Eröffnung des Insolvenzverfahrens mangels Masse abgelehnt worden ist;

2. durch die Löschung wegen Vermögenslosigkeit nach § 394 des Gesetzes über das Verfahren in Familiensachen und in den Angelegenheiten der freiwilligen Gerichtsbarkeit.

§ 82 Eintragung der Auflösung

(1) Die Auflösung der Genossenschaft ist von dem Gericht unverzüglich in das Genossenschaftsregister einzutragen.

(2) Sie muss von den Liquidatoren durch die für die Bekanntmachungen der Genossenschaft bestimmten Blätter bekannt gemacht werden. Durch die Bekanntmachung sind zugleich die Gläubiger aufzufordern, sich bei der Genossenschaft zu melden.

(3) Im Falle der Löschung der Genossenschaft wegen Vermögenslosigkeit sind die Absätze 1 und 2 nicht anzuwenden.

§ 83 Bestellung und Abberufung der Liquidatoren

(1) Die Liquidation erfolgt durch den Vorstand, wenn sie nicht durch die Satzung oder durch Beschluss der Generalversammlung anderen Personen übertragen wird.

(2) Auch eine juristische Person kann Liquidator sein.

(3) Auf Antrag des Aufsichtsrats oder mindestens des zehnten Teils der Mitglieder kann die Ernennung von Liquidatoren durch das Gericht erfolgen.

(4) Die Abberufung der Liquidatoren kann durch das Gericht unter denselben Voraussetzungen wie die Bestellung erfolgen. Liquidatoren, welche nicht vom Gericht ernannt sind, können auch durch die Generalversammlung vor Ablauf des Zeitraums, für welchen sie bestellt sind, abberufen werden.

(5) Ist die Genossenschaft durch Löschung wegen Vermögenslosigkeit aufgelöst, so findet eine Liquidation nur statt, wenn sich nach der Löschung herausstellt, dass Vermögen vorhanden ist, das der Verteilung unterliegt. Die Liquidatoren sind auf Antrag eines Beteiligten durch das Gericht zu ernennen.

§ 84 Anmeldung durch Liquidatoren

(1) Die ersten Liquidatoren sowie ihre Vertretungsbefugnis hat der Vorstand, jede Änderung in den Personen der Liquidatoren und jede Änderung ihrer Vertretungsbefugnis haben die Liquidatoren zur Eintragung in das Genossenschaftsregister anzumelden. Der Anmeldung ist eine Abschrift der Urkunden über die Bestellung oder Abberufung sowie über die Vertretungsbefugnis beizufügen.

(2) Die Eintragung der gerichtlichen Ernennung oder Abberufung von Liquidatoren geschieht von Amts wegen.

(3) (weggefallen)

§ 85 Zeichnung der Liquidatoren

(1) Die Liquidatoren haben in der bei ihrer Bestellung bestimmten Form ihre Willenserklärung kundzugeben und für die Genossenschaft zu zeichnen. Ist nichts darüber bestimmt, so muss die Erklärung und Zeichnung durch sämtliche Liquidatoren erfolgen.

(2) Die Bestimmung ist mit der Bestellung der Liquidatoren zur Eintragung in das Genossenschaftsregister anzumelden.

(3) Die Liquidatoren zeichnen für die Genossenschaft, indem sie der Firma einen die Liquidation andeutenden Zusatz und ihre Namensunterschrift hinzufügen.

§ 86 Publizität des Genossenschaftsregisters

Die Vorschriften in § 29 über das Verhältnis zu dritten Personen finden bezüglich der Liquidatoren Anwendung.

§ 87 Rechtsverhältnisse im Liquidationsstadium

(1) Bis zur Beendigung der Liquidation sind ungeachtet der Auflösung der Genossenschaft in Bezug auf die Rechtsverhältnisse der Genossenschaft und ihrer Mitglieder die §§ 17 bis 51 weiter anzuwenden, soweit sich aus den Vorschriften dieses Abschnitts und aus dem Wesen der Liquidation nichts anderes ergibt.

(2) Der Gerichtsstand, welchen die Genossenschaft zur Zeit ihrer Auflösung hatte, bleibt bis zur vollzogenen Verteilung des Vermögens bestehen.

§ 87a Zahlungspflichten bei Überschuldung

(1) Ergibt sich bei Aufstellung der Liquidationseröffnungsbilanz, einer späteren Jahresbilanz oder einer Zwischenbilanz oder ist bei pflichtmäßigem Ermessen anzunehmen, dass das Vermögen auch unter Berücksichtigung fälliger, rückständiger Einzahlungen die Schulden nicht mehr deckt, so kann die Generalversammlung beschließen, dass die Mitglieder, die ihren Geschäftsanteil noch nicht voll eingezahlt haben, zu weiteren Einzahlungen auf den Geschäftsanteil verpflichtet sind, soweit dies

zur Deckung des Fehlbetrags erforderlich ist. Der Beschlussfassung der Generalversammlung stehen abweichende Bestimmungen der Satzung nicht entgegen.

(2) Reichen die weiteren Einzahlungen auf den Geschäftsanteil zur Deckung des Fehlbetrags nicht aus, kann die Generalversammlung beschließen, dass die Mitglieder nach dem Verhältnis ihrer Geschäftsanteile bis zur Deckung des Fehlbetrags weitere Zahlungen zu leisten haben. Für Genossenschaften, bei denen die Mitglieder keine Nachschüsse zur Insolvenzmasse zu leisten haben, gilt dies nur, wenn die Satzung dies bestimmt. Ein Mitglied kann zu weiteren Zahlungen höchstens bis zu dem Betrag in Anspruch genommen werden, der dem Gesamtbetrag seiner Geschäftsanteile entspricht. Absatz 1 Satz 2 gilt entsprechend. Bei der Feststellung des Verhältnisses der Geschäftsanteile und des Gesamtbetrags der Geschäftsanteile gelten als Geschäftsanteile eines Mitglieds auch die Geschäftsanteile, die es entgegen den Bestimmungen der Satzung über eine Pflichtbeteiligung noch nicht übernommen hat.

(3) Die Beschlüsse bedürfen einer Mehrheit, die mindestens drei Viertel der abgegebenen Stimmen umfasst. Die Satzung kann eine größere Mehrheit und weitere Erfordernisse bestimmen.

(4) Die Beschlüsse dürfen nicht gefasst werden, wenn das Vermögen auch unter Berücksichtigung der weiteren Zahlungspflichten die Schulden nicht mehr deckt.

§ 87b Verbot der Erhöhung von Geschäftsanteil oder Haftsumme

Nach Auflösung der Genossenschaft können weder der Geschäftsanteil noch die Haftsumme erhöht werden.

§ 88 Aufgaben der Liquidatoren

Die Liquidatoren haben die laufenden Geschäfte zu beendigen, die Verpflichtungen der aufgelösten Genossenschaft zu erfüllen, die Forderungen derselben einzuziehen und das Vermögen der Genossenschaft in Geld umzusetzen; sie haben die Genossenschaft gerichtlich und außergerichtlich zu vertreten. Zur Beendigung schwebender Geschäfte können die Liquidatoren auch neue Geschäfte eingehen.

§ 88a Abtretbarkeit der Ansprüche auf rückständige Einzahlungen und anteilige Fehlbeträge

(1) Die Liquidatoren können den Anspruch der Genossenschaft auf rückständige Einzahlungen auf den Geschäftsanteil und den Anspruch auf anteilige Fehlbeträge nach § 73 Abs. 2 Satz 4 mit Zustimmung des Prüfungsverbandes abtreten.

(2) Der Prüfungsverband soll nur zustimmen, wenn der Anspruch an eine genossenschaftliche Zentralbank oder an eine der Prüfung durch einen Prüfungsverband unterstehende Stelle abgetreten wird und schutzwürdige Belange der Mitglieder nicht entgegenstehen.

§ 89 Rechte und Pflichten der Liquidatoren

Die Liquidatoren haben die aus den §§ 26, 27, 33 Abs. 1 Satz 1, §§ 34, 44 bis 47, 48 Abs. 3, §§ 51, 57 bis 59 sich ergebenden Rechte und Pflichten des Vorstands und unterliegen gleich diesem der Überwachung des Aufsichtsrats. Sie haben für den Beginn der Liquidation eine Bilanz (Eröffnungsbilanz) sowie für den Schluss eines jeden Jahres einen Jahresabschluss und erforderlichenfalls einen Lagebericht aufzustellen. Die Eröffnungsbilanz ist nach § 339 des Handelsgesetzbuchs offenzulegen.

§ 90 Voraussetzung für Vermögensverteilung

(1) Eine Verteilung des Vermögens unter die Mitglieder darf nicht vor Tilgung oder Deckung der Schulden und nicht vor Ablauf eines Jahres seit dem Tage vollzogen werden, an welchem die Aufforderung der Gläubiger in den hierzu bestimmten Blättern erfolgt ist.

(2) Meldet sich ein bekannter Gläubiger nicht, so ist der geschuldete Betrag, wenn die Berechtigung zur Hinterlegung vorhanden ist, für den Gläubiger zu hinterlegen. Ist die Berichtigung einer Verbindlichkeit zur Zeit nicht ausführbar oder ist eine Verbindlichkeit streitig, so darf die Verteilung des Vermögens nur erfolgen, wenn dem Gläubiger Sicherheit geleistet ist.

§ 91 Verteilung des Vermögens

(1) Die Verteilung des Vermögens unter die einzelnen Mitglieder erfolgt bis zum Gesamtbetrag ihrer auf Grund der Eröffnungsbilanz ermittelten Geschäftsguthaben nach dem Verhältnis der letzteren. Waren die Mitglieder nach § 87a Abs. 2 zu Zahlungen herangezogen worden, so sind zunächst diese Zahlungen nach dem Verhältnis der geleisteten Beträge zu erstatten. Bei Ermittlung der einzelnen Geschäftsguthaben bleiben für die Verteilung des Gewinns oder Verlustes, welcher sich für den Zeitraum zwischen dem letzten Jahresabschluss und der Eröffnungsbilanz ergeben hat, die seit dem letzten Jahresabschluss geleisteten Einzahlungen außer Betracht. Der Gewinn aus diesem Zeitraum ist dem Guthaben auch insoweit zuzuschreiben, als dadurch der Geschäftsanteil überschritten wird.

(2) Überschüsse, welche sich über den Gesamtbetrag dieser Guthaben hinaus ergeben, sind nach Köpfen zu verteilen.

(3) Durch die Satzung kann die Verteilung des Vermögens ausgeschlossen oder ein anderes Verhältnis für die Verteilung bestimmt werden.

§ 92 Unverteilbares Reinvermögen

Ein bei der Auflösung der Genossenschaft verbleibendes unverteilbares Reinvermögen fällt, sofern dasselbe nicht durch die Satzung einer natürlichen oder juristischen Person zu einem bestimmten Verwendungszweck überwiesen ist, an diejenige Gemeinde, in der die Genossenschaft ihren Sitz hatte. Die Zinsen dieses Fonds sind zu gemeinnützigen Zwecken zu verwenden.

§ 93 Aufbewahrung von Unterlagen

Nach Beendigung der Liquidation sind die Bücher und Schriften der aufgelösten Genossenschaft für zehn Jahre einem ihrer ehemaligen Mitglieder oder einem Dritten in Verwahrung zu geben. Ist die Person weder durch Satzung noch durch einen Beschluss der Generalversammlung benannt, wird sie durch das Gericht bestimmt. Das Gericht kann die ehemaligen Mitglieder und deren Rechtsnachfolger sowie die Gläubiger der Genossenschaft ermächtigen, die Bücher und Schriften einzusehen.

§§ 93a bis 93s (weggefallen)

§ 94 Klage auf Nichtigerklärung

Enthält die Satzung nicht die für sie wesentlichen Bestimmungen oder ist eine dieser Bestimmungen nichtig, so kann jedes Mitglied der Genossenschaft und jedes Vorstands- oder Aufsichtsratsmitglied im Wege der Klage beantragen, dass die Genossenschaft für nichtig erklärt werde.

§ 95 Nichtigkeitsgründe; Heilung von Mängeln

(1) Als wesentlich im Sinne des § 94 gelten die in den §§ 6, 7 und 119 bezeichneten Bestimmungen der Satzung mit Ausnahme derjenigen über die Beurkundung der Beschlüsse der Generalversammlung und den Vorsitz in dieser.

(2) Ein Mangel, der eine hiernach wesentliche Bestimmung der Satzung betrifft, kann durch einen den Vorschriften dieses Gesetzes über Änderungen der Satzung entsprechenden Beschluss der Generalversammlung geheilt werden.

(3) Die Einberufung der Generalversammlung erfolgt, wenn sich der Mangel auf die Bestimmungen über die Form der Einberufung bezieht, durch Bekanntmachung im Bundesanzeiger.

(4) Betrifft bei einer Genossenschaft, bei der die Mitglieder beschränkt auf eine Haftsumme Nachschüsse zur Insolvenzmasse zu leisten haben, der Mangel die Bestimmungen über die Haftsumme, so darf durch die zur Heilung des Mangels beschlossenen Bestimmungen der Gesamtbetrag der von den einzelnen Mitgliedern übernommenen Haftung nicht vermindert werden.

§ 96 Verfahren bei Nichtigkeitsklage

Das Verfahren über die Klage auf Nichtigkeitserklärung und die Wirkungen des Urteils bestimmen sich nach den Vorschriften des § 51 Abs. 3 bis 5.

§ 97 Wirkung der Eintragung der Nichtigkeit

(1) Ist die Nichtigkeit einer Genossenschaft in das Genossenschaftsregister eingetragen, so finden zum Zweck der Abwicklung ihrer Verhältnisse die für den Fall der Auflösung geltenden Vorschriften entsprechende Anwendung.

(2) Die Wirksamkeit der im Namen der Genossenschaft mit Dritten vorgenommenen Rechtsgeschäfte wird durch die Nichtigkeit nicht berührt.

(3) Soweit die Mitglieder eine Haftung für die Verbindlichkeiten der Genossenschaft übernommen haben, sind sie verpflichtet, die zur Befriedigung der Gläubiger erforderlichen Beträge nach Maßgabe der Vorschriften des Abschnitts 7 zu leisten.

Abschnitt 7
Insolvenzverfahren; Nachschusspflicht der Mitglieder

§ 98 Eröffnung des Insolvenzverfahrens

Abweichend von § 19 Abs. 1 der Insolvenzordnung ist bei einer Genossenschaft die Überschuldung nur dann Grund für die Eröffnung des Insolvenzverfahrens, wenn

1. die Mitglieder Nachschüsse bis zu einer Haftsumme zu leisten haben und die Überschuldung ein Viertel des Gesamtbetrags der Haftsummen aller Mitglieder übersteigt,

2. die Mitglieder keine Nachschüsse zu leisten haben oder

3. die Genossenschaft aufgelöst ist.

§ 99 (weggefallen)

§ 100 (weggefallen)

§ 101 Wirkung der Eröffnung des Insolvenzverfahrens

Durch die Eröffnung des Insolvenzverfahrens wird die Genossenschaft aufgelöst.

§ 102 Eintragung der Eröffnung des Insolvenzverfahrens

Die Eröffnung des Insolvenzverfahrens ist von Amts wegen in das Genossenschaftsregister einzutragen. Das Gleiche gilt für

1. die Aufhebung des Eröffnungsbeschlusses,

2. die Bestellung eines vorläufigen Insolvenzverwalters, wenn zusätzlich dem Schuldner ein allgemeines Verfügungsverbot auferlegt oder angeordnet wird, dass Verfügungen des Schuldners nur mit Zustimmung des vorläufigen Insolvenzverwalters wirksam sind, und die Aufhebung einer derartigen Sicherungsmaßnahme,

3. die Anordnung der Eigenverwaltung durch den Schuldner und deren Aufhebung sowie die Anordnung der Zustimmungsbedürftigkeit bestimmter Rechtsgeschäfte des Schuldners,

4. die Einstellung und die Aufhebung des Verfahrens und

5. die Überwachung der Erfüllung eines Insolvenzplans und die Aufhebung der Überwachung.

§§ 103 und 104 (weggefallen)

§ 105 Nachschusspflicht der Mitglieder

(1) Soweit die Ansprüche der Massegläubiger oder die bei der Schlussverteilung nach § 196 der Insolvenzordnung berücksichtigten Forderungen der Insolvenzgläubiger aus dem vorhandenen Vermögen der Genossenschaft nicht berichtigt werden, sind die Mitglieder verpflichtet, Nachschüsse zur Insolvenzmasse zu leisten, es sei denn, dass die Nachschusspflicht durch die Satzung ausgeschlossen ist. Im Falle eines rechtskräftig bestätigten Insolvenzplans besteht die Nachschusspflicht insoweit, als sie im gestaltenden Teil des Plans vorgesehen ist.

(2) Die Nachschüsse sind von den Mitgliedern nach Köpfen zu leisten, es sei denn, dass die Satzung ein anderes Beitragsverhältnis bestimmt.

(3) Beiträge, zu deren Leistung einzelne Mitglieder nicht in der Lage sind, werden auf die übrigen Mitglieder verteilt.

(4) Zahlungen, die Mitglieder über die von ihnen nach den vorstehenden Vorschriften geschuldeten Beiträge hinaus leisten, sind ihnen nach der Befriedigung der Gläubiger aus den Nachschüssen zu erstatten. Das Gleiche gilt für Zahlungen der Mitglieder auf Grund des § 87a Abs. 2 nach Erstattung der in Satz 1 bezeichneten Zahlungen.

(5) Gegen die Nachschüsse kann das Mitglied eine Forderung an die Genossenschaft aufrechnen, sofern die Voraussetzungen vorliegen, unter denen es als Insolvenzgläubiger Befriedigung wegen der Forderung aus den Nachschüssen zu beanspruchen hat.

Fußnote (+++ § 105: Zur Anwendung vgl. § 120 Abs. 2 (F 2014-12-10) +++)

§ 106 Vorschussberechnung

(1) Der Insolvenzverwalter hat unverzüglich, nachdem die Vermögensübersicht nach § 153 der Insolvenzordnung auf der Geschäftsstelle niedergelegt ist, zu berechnen, wie viel die Mitglieder zur Deckung des aus der Vermögensübersicht ersichtlichen Fehlbetrags vorzuschießen haben. Sind in der Vermögensübersicht Fortführungs- und Stilllegungswerte nebeneinander angegeben, ist der Fehlbetrag maßgeblich, der sich auf der Grundlage der Stilllegungswerte ergibt.

(2) In der Vorschussberechnung sind alle Mitglieder namentlich zu bezeichnen und die Beiträge auf sie zu verteilen. Die Höhe der Beiträge ist so zu bemessen, dass durch ein vorauszusehendes Unvermögen einzelner Mitglieder zur Leistung von Beiträgen kein Ausfall an dem zu deckenden Gesamtbetrag entsteht.

(3) Die Berechnung ist dem Insolvenzgericht mit dem Antrag einzureichen, dieselbe für vollstreckbar zu erklären. Dem Antrag ist eine beglaubigte Abschrift der Mitgliederliste und, sofern das

Genossenschaftsregister nicht bei dem Insolvenzgericht geführt wird, eine beglaubigte Abschrift der Satzung beizufügen.

Fußnote (+++ § 106: Zur Anwendung vgl. § 120 Abs. 2 (F 2014-12-10) +++)

§ 107 Gerichtliche Erklärung über die Vorschussberechnung

(1) Zur Erklärung über die Berechnung bestimmt das Gericht einen Termin, welcher nicht über zwei Wochen hinaus anberaumt werden darf. Der Termin ist öffentlich bekannt zu machen; die in der Berechnung aufgeführten Mitglieder sind besonders zu laden.

(2) Die Berechnung ist spätestens drei Tage vor dem Termin auf der Geschäftsstelle zur Einsicht der Beteiligten niederzulegen. Hierauf ist in der Bekanntmachung und den Ladungen hinzuweisen.

Fußnote (+++ § 107: Zur Anwendung vgl. § 120 Abs. 2 (F 2014-12-10) +++)

§ 108 Erklärungstermin

(1) In dem Termin sind Vorstand und Aufsichtsrat der Genossenschaft sowie der Insolvenzverwalter und der Gläubigerausschuss und, soweit Einwendungen erhoben werden, die sonst Beteiligten zu hören.

(2) Das Gericht entscheidet über die erhobenen Einwendungen, berichtigt, soweit erforderlich, die Berechnung oder ordnet die Berichtigung an und erklärt die Berechnung für vollstreckbar. Die Entscheidung ist in dem Termin oder in einem sofort anzuberaumenden Termin, welcher nicht über eine Woche hinaus angesetzt werden soll, zu verkünden. Die Berechnung mit der sie für vollstreckbar erklärenden Entscheidung ist zur Einsicht der Beteiligten auf der Geschäftsstelle niederzulegen.

(3) Gegen die Entscheidung findet ein Rechtsmittel nicht statt.

Fußnote (+++ § 108: Zur Anwendung vgl. § 120 Abs. 2 (F 2014-12-10) +++)

§ 108a Abtretbarkeit von Ansprüchen der Genossenschaft

(1) Der Insolvenzverwalter kann die Ansprüche der Genossenschaft auf rückständige Einzahlungen auf den Geschäftsanteil, auf anteilige Fehlbeträge nach § 73 Abs. 2 Satz 4 und auf Nachschüsse mit Genehmigung des Insolvenzgerichts abtreten.

(2) Die Genehmigung soll nur nach Anhörung des Prüfungsverbandes und nur dann erteilt werden, wenn der Anspruch an eine genossenschaftliche Zentralbank oder an eine der Prüfung durch einen Prüfungsverband unterstehende Stelle abgetreten wird.

Fußnote (+++ § 108a: Zur Anwendung vgl. § 120 Abs. 2 (F 2014-12-10) +++)

§ 109 Einziehung der Vorschüsse

(1) Nachdem die Berechnung für vollstreckbar erklärt ist, hat der Insolvenzverwalter unverzüglich die Beiträge von den Mitgliedern einzuziehen.

(2) Die Zwangsvollstreckung gegen ein Mitglied findet nach Maßgabe der Zivilprozessordnung auf Grund einer vollstreckbaren Ausfertigung der Entscheidung und eines Auszuges aus der Berechnung statt.

(3) Für die in den Fällen der §§ 731, 767, 768 der Zivilprozessordnung zu erhebenden Klagen ist das Amtsgericht, bei welchem das Insolvenzverfahren anhängig ist und, wenn der Streitgegenstand zur Zuständigkeit der Amtsgerichte nicht gehört, das Landgericht ausschließlich zuständig, zu dessen Bezirk das Insolvenzgericht gehört.

Fußnote (+++ § 109: Zur Anwendung vgl. § 120 Abs. 2 (F 2014-12-10) +++)

§ 110 Hinterlegung oder Anlage der Vorschüsse

Die eingezogenen Beträge sind nach Maßgabe des § 149 der Insolvenzordnung zu hinterlegen oder anzulegen.

Fußnote (+++ § 110: Zur Anwendung vgl. § 120 Abs. 2 (F 2014-12-10) +++)

§ 111 Anfechtungsklage

(1) Jedes Mitglied ist befugt, die für vollstreckbar erklärte Berechnung im Wege der Klage anzufechten. Die Klage ist gegen den Insolvenzverwalter zu richten. Sie findet nur binnen der Notfrist eines Monats seit Verkündung der Entscheidung und nur insoweit statt, als der Kläger den Anfechtungsgrund in dem nach § 107 Abs. 1 anberaumten Termin geltend gemacht hat oder ohne sein Verschulden geltend zu machen außerstande war.

(2) Das rechtskräftige Urteil wirkt für und gegen alle beitragspflichtigen Mitglieder.

Fußnote (+++ § 111: Zur Anwendung vgl. § 120 Abs. 2 (F 2014-12-10) +++)

§ 112 Verfahren bei Anfechtungsklage

(1) Die Klage ist ausschließlich bei dem Amtsgericht zu erheben, welches die Berechnung für vollstreckbar erklärt hat. Die mündliche Verhandlung erfolgt nicht vor Ablauf der bezeichneten Notfrist. Mehrere Anfechtungsprozesse sind zur gleichzeitigen Verhandlung und Entscheidung zu verbinden.

(2) Übersteigt der Streitgegenstand eines Prozesses die sonst für die sachliche Zuständigkeit der Amtsgerichte geltende Summe, so hat das Gericht, sofern eine Partei in einem solchen Prozess vor der Verhandlung zur Hauptsache dies beantragt, durch Beschluss die sämtlichen Streitsachen an das Landgericht, in dessen Bezirk es seinen Sitz hat, zu verweisen. Gegen diesen Beschluss findet die sofortige Beschwerde statt. Die Notfrist beginnt mit der Verkündung des Beschlusses.

(3) Ist der Beschluss rechtskräftig, so gelten die Streitsachen als bei dem Landgericht anhängig. Die im Verfahren vor dem Amtsgericht erwachsenen Kosten werden als Teil der bei dem Landgericht erwachsenen Kosten behandelt und gelten als Kosten einer Instanz.

(4) Die §§ 769 und 770 der Zivilprozessordnung über die Einstellung der Zwangsvollstreckung und die Aufhebung der Vollstreckungsmaßregeln finden entsprechende Anwendung.

Fußnote (+++ § 112: Zur Anwendung vgl. § 120 Abs. 2 (F 2014-12-10) +++)

§ 112a Vergleich über Nachschüsse

(1) Der Insolvenzverwalter kann über den von dem Mitglied zu leistenden Nachschuss einen Vergleich abschließen. Der Vergleich bedarf zu seiner Wirksamkeit der Zustimmung des Gläubigerausschusses, wenn ein solcher bestellt ist, und der Bestätigung durch das Insolvenzgericht.

(2) Der Vergleich wird hinfällig, wenn das Mitglied mit seiner Erfüllung in Verzug gerät.

Fußnote (+++ § 112a: Zur Anwendung vgl. § 120 Abs. 2 (F 2014-12-10) +++)

§ 113 Zusatzberechnung

(1) Soweit infolge des Unvermögens einzelner Mitglieder zur Leistung von Beiträgen der zu deckende Gesamtbetrag nicht erreicht wird oder auf Grund des auf eine Anfechtungsklage ergehenden Urteils oder aus anderen Gründen die Berechnung abzuändern ist, hat der Insolvenzverwalter eine Zusatzberechnung aufzustellen. Die Vorschriften der §§ 106 bis 112a gelten auch für die Zusatzberechnung.

(2) Die Aufstellung einer Zusatzberechnung ist erforderlichenfalls zu wiederholen.

Fußnote (+++ § 113: Zur Anwendung vgl. § 120 Abs. 2 (F 2014-12-10) +++)

§ 114 Nachschussberechnung

(1) Sobald mit dem Vollzug der Schlussverteilung nach § 196 der Insolvenzordnung begonnen wird oder sobald nach einer Anzeige der Masseunzulänglichkeit nach § 208 der Insolvenzordnung die Insolvenzmasse verwertet ist, hat der Insolvenzverwalter schriftlich festzustellen, ob und in welcher Höhe nach der Verteilung des Erlöses ein Fehlbetrag verbleibt und inwieweit er durch die bereits geleisteten Nachschüsse gedeckt ist. Die Feststellung ist auf der Geschäftsstelle des Gerichts niederzulegen.

(2) Verbleibt ein ungedeckter Fehlbetrag und können die Mitglieder zu weiteren Nachschüssen herangezogen werden, so hat der Insolvenzverwalter in Ergänzung oder Berichtigung der Vorschussberechnung und der zu ihr etwa ergangenen Zusätze zu berechnen, wieviel die Mitglieder nach § 105 an Nachschüssen zu leisten haben (Nachschussberechnung).

(3) Die Nachschussberechnung unterliegt den Vorschriften der §§ 106 bis 109, 111 bis 113, der Vorschrift des § 106 Abs. 2 mit der Maßgabe, dass auf Mitglieder, deren Unvermögen zur Leistung von Beiträgen sich herausgestellt hat, Beiträge nicht verteilt werden.

Fußnote (+++ § 114: Zur Anwendung vgl. § 120 Abs. 2 (F 2014-12-10) +++)

§ 115 Nachtragsverteilung

(1) Der Insolvenzverwalter hat, nachdem die Nachschussberechnung für vollstreckbar erklärt ist, unverzüglich den gemäß § 110 vorhandenen Bestand und, so oft von den noch einzuziehenden Beiträgen hinreichender Bestand eingegangen ist, diesen im Wege der Nachtragsverteilung nach § 203 der Insolvenzordnung unter die Gläubiger zu verteilen. Soweit es keiner Nachschussberechnung bedarf, hat der Insolvenzverwalter die Verteilung unverzüglich vorzunehmen, nachdem die Feststellung nach § 114 Abs. 1 auf der Geschäftsstelle des Gerichts niedergelegt ist.

(2) Außer den Anteilen auf die in §§ 189 bis 191 der Insolvenzordnung bezeichneten Forderungen sind zurückzubehalten die Anteile auf Forderungen, welche im Prüfungstermin von dem Vorstand ausdrücklich bestritten worden sind. Dem Gläubiger bleibt überlassen, den Widerspruch des Vorstands durch Klage zu beseitigen. Soweit der Widerspruch rechtskräftig für begründet erklärt wird, werden die Anteile zur Verteilung unter die übrigen Gläubiger frei.

(3) Die zur Befriedigung der Gläubiger nicht erforderlichen Überschüsse hat der Insolvenzverwalter an die Mitglieder zurückzuzahlen.

Fußnote (+++ § 115: Zur Anwendung vgl. § 120 Abs. 2 (F 2014-12-10) +++)

§ 115a Abschlagsverteilung der Nachschüsse

(1) Nimmt die Abwicklung des Insolvenzverfahrens voraussichtlich längere Zeit in Anspruch, so kann der Insolvenzverwalter mit Zustimmung des Gläubigerausschusses, wenn ein solcher bestellt ist, und des Insolvenzgerichts die nach § 110 eingezogenen Beträge schon vor dem in § 115 Abs. 1 bezeichneten Zeitpunkt im Wege der Abschlagsverteilung nach den §§ 187 bis 195 der Insolvenzordnung an die Gläubiger verteilen. Eine Abschlagsverteilung soll unterbleiben, soweit nach dem Verhältnis der Schulden zu dem Vermögen mit einer Erstattung eingezogener Beträge an Mitglieder nach § 105 Abs. 4 oder § 115 Abs. 3 zu rechnen ist.

(2) Sollte sich dennoch nach Befriedigung der Gläubiger ein Überschuss aus der Insolvenzmasse ergeben, so sind die zuviel gezahlten Beträge den Mitgliedern aus dem Überschuss zu erstatten.

Fußnote (+++ § 115a: Zur Anwendung vgl. § 120 Abs. 2 (F 2014-12-10) +++)

§ 115b Nachschusspflicht ausgeschiedener Mitglieder

Sobald mit Sicherheit anzunehmen ist, dass die in § 105 Abs. 1 bezeichneten Insolvenzgläubiger auch nicht durch Einziehung der Nachschüsse von den Mitgliedern Befriedigung oder Sicherstellung erlangen, sind die hierzu erforderlichen Beiträge von den innerhalb der letzten 18 Monate vor dem

Antrag auf Eröffnung des Insolvenzverfahrens oder nach diesem Antrag ausgeschiedenen Mitgliedern, welche nicht schon nach § 75 oder § 76 Abs. 4 der Nachschusspflicht unterliegen, nach Maßgabe des § 105 zur Insolvenzmasse zu leisten.

Fußnote (+++ § 115b: Zur Anwendung vgl. § 120 Abs. 2 (F 2014-12-10) +++)

§ 115c Beitragspflicht ausgeschiedener Mitglieder

(1) Der Insolvenzverwalter hat unverzüglich eine Berechnung über die Beitragspflicht der ausgeschiedenen Mitglieder aufzustellen.

(2) In der Berechnung sind die ausgeschiedenen Mitglieder namentlich zu bezeichnen und auf sie die Beiträge zu verteilen, soweit nicht das Unvermögen einzelner zur Leistung von Beiträgen vorauszusehen ist.

(3) Im Übrigen finden die Vorschriften in § 106 Abs. 3, §§ 107 bis 109, 111 bis 113 und 115 entsprechende Anwendung.

§ 115d Einziehung und Erstattung von Nachschüssen

(1) Durch die Vorschriften der §§ 115b, 115c wird die Einziehung der Nachschüsse von den in der Genossenschaft verbliebenen Mitgliedern nicht berührt.

(2) Aus den Nachschüssen der verbliebenen Mitglieder sind den ausgeschiedenen Mitgliedern die von diesen geleisteten Beiträge zu erstatten, sobald die in § 105 Abs. 1 bezeichneten Insolvenzgläubiger vollständig befriedigt oder sichergestellt sind.

§ 115e Eigenverwaltung

Ist gemäß § 270 oder § 271 der Insolvenzordnung die Eigenverwaltung unter Aufsicht eines Sachwalters angeordnet, so gelten die §§ 105 bis 115d mit der Maßgabe, dass an die Stelle des Insolvenzverwalters der Sachwalter tritt.

§ 116 Insolvenzplan

Die Vorschriften der Insolvenzordnung über den Insolvenzplan sind mit folgenden Abweichungen anzuwenden:

1. Ein Plan wird berücksichtigt, wenn er vor der Beendigung des Nachschussverfahrens beim Insolvenzgericht eingeht;

2. im darstellenden Teil des Plans ist anzugeben, in welcher Höhe die Mitglieder bereits Nachschüsse geleistet haben und zu welchen weiteren Nachschüssen sie nach der Satzung herangezogen werden könnten;

3. bei der Bildung der Gruppen für die Festlegung der Rechte der Gläubiger im Plan kann zwischen den Gläubigern, die zugleich Mitglieder der Genossenschaft sind, und den übrigen Gläubigern unterschieden werden;

4. vor dem Erörterungstermin hat das Insolvenzgericht den Prüfungsverband, dem die Genossenschaft angehört, darüber zu hören, ob der Plan mit den Interessen der Mitglieder vereinbar ist.

§ 117 Fortsetzung der Genossenschaft

(1) Ist das Insolvenzverfahren auf Antrag des Schuldners eingestellt oder nach der Bestätigung eines Insolvenzplans, der den Fortbestand der Genossenschaft vorsieht, aufgehoben worden, so kann die Generalversammlung die Fortsetzung der Genossenschaft beschließen. Zugleich mit dem Beschluss über die Fortsetzung der Genossenschaft ist die nach § 6 Nr. 3 notwendige Bestimmung in der Satzung zu beschließen, ob die Mitglieder für den Fall, dass die Gläubiger im Insolvenzverfahren über das Vermögen der Genossenschaft nicht befriedigt werden, Nachschüsse zur Insolvenzmasse unbeschränkt, beschränkt auf eine Haftsumme oder überhaupt nicht zu leisten haben.

(2) Die Beschlüsse nach Absatz 1 bedürfen einer Mehrheit, die mindestens drei Viertel der abgegebenen Stimmen umfasst. Die Satzung kann eine größere Mehrheit und weitere Erfordernisse bestimmen. Die Vorschriften des § 79a Abs. 2 bis 4 sind anzuwenden.

(3) Die Fortsetzung der Genossenschaft ist zusammen mit dem Beschluss über die Nachschusspflicht der Mitglieder durch den Vorstand unverzüglich zur Eintragung in das Genossenschaftsregister anzumelden.

§ 118 Kündigung bei Fortsetzung der Genossenschaft

(1) Wird die Fortsetzung der Genossenschaft nach § 117 beschlossen, kann kündigen

1. jedes in der Generalversammlung erschienene Mitglied, wenn es gegen den Beschluss Widerspruch zur Niederschrift erklärt hat oder wenn die Aufnahme seines Widerspruchs in die Niederschrift verweigert worden ist;

2. jedes in der Generalversammlung nicht erschienene Mitglied, wenn es zu der Generalversammlung zu Unrecht nicht zugelassen worden ist oder die Versammlung nicht ordnungsgemäß einberufen oder der Gegenstand der Beschlussfassung nicht ordnungsgemäß angekündigt worden ist.

Hat eine Vertreterversammlung die Fortsetzung der Genossenschaft beschlossen, kann jedes Mitglied kündigen; für die Vertreter gilt Satz 1.

(2) Die Kündigung bedarf der Schriftform. Sie kann nur innerhalb eines Monats zum Schluss des Geschäftsjahres erklärt werden. Die Frist beginnt in den Fällen des Absatzes 1 Satz 1 Nr. 1 mit der Beschlussfassung, in den Fällen des Absatzes 1 Satz 1 Nr. 2 mit der Erlangung der Kenntnis von der Beschlussfassung. Ist der Zeitpunkt der Kenntniserlangung streitig, trägt die Genossenschaft die Beweislast. Im Fall der Kündigung wirkt der Beschluss über die Fortsetzung der Genossenschaft weder für noch gegen das Mitglied.

(3) Der Zeitpunkt der Beendigung der Mitgliedschaft ist unverzüglich in die Mitgliederliste einzutragen; das Mitglied ist hiervon unverzüglich zu benachrichtigen.

(4) Für die Auseinandersetzung des ehemaligen Mitglieds mit der Genossenschaft ist die für die Fortsetzung der Genossenschaft aufgestellte Eröffnungsbilanz maßgeblich. Das Geschäftsguthaben des Mitglieds ist vorbehaltlich des § 8a Abs. 2 und des § 73 Abs. 4 binnen sechs Monaten nach Beendigung der Mitgliedschaft auszuzahlen; auf die Rücklagen und das sonstige Vermögen der Genossenschaft hat es vorbehaltlich des § 73 Abs. 3 keinen Anspruch.

Abschnitt 8
Haftsumme

§ 119 Bestimmung der Haftsumme

Bestimmt die Satzung, dass die Mitglieder beschränkt auf eine Haftsumme Nachschüsse zur Insolvenzmasse zu leisten haben, so darf die Haftsumme in der Satzung nicht niedriger als der Geschäftsanteil festgesetzt werden.

§ 120 Herabsetzung der Haftsumme

(1) Für die Herabsetzung der Haftsumme gilt § 22 Abs. 1 bis 3 sinngemäß. Das Recht nach § 22 Absatz 2 Satz 1 steht den Gläubigern jedoch nur zu, wenn sie glaubhaft machen, dass durch die Herabsetzung der Haftsumme die Erfüllung ihrer Forderung gefährdet wird.

(2) Wird über das Vermögen der Genossenschaft mit herabgesetzter Haftsumme binnen zwei Jahren nach dem Tag, an dem die Eintragung der Haftsummenherabsetzung in das Genossenschaftsregister bekannt gemacht worden ist, das Insolvenzverfahren eröffnet, so ist jedes Mitglied, dessen Nachschusspflicht durch die Herabsetzung der Haftsumme reduziert wurde, in der Höhe zu Nachschüssen verpflichtet, wie es vor Herabsetzung der Haftsumme zu leisten verpflichtet war. Die §§ 105 bis 115b sind mit der Maßgabe entsprechend anzuwenden, dass nur solche Verbindlichkeiten zu berücksichtigen sind, die bereits im Zeitpunkt der Herabsetzung der Haftsumme begründet waren.

§ 121 Haftsumme bei mehreren Geschäftsanteilen

Ist ein Mitglied mit mehr als einem Geschäftsanteil beteiligt, so erhöht sich die Haftsumme, wenn sie niedriger als der Gesamtbetrag der Geschäftsanteile ist, auf den Gesamtbetrag. Die Satzung kann einen noch höheren Betrag festsetzen. Sie kann auch bestimmen, dass durch die Beteiligung mit weiteren Geschäftsanteilen eine Erhöhung der Haftsumme nicht eintritt.

§§ 122 bis 145 (weggefallen)

Abschnitt 9
Straf- und Bußgeldvorschriften

§ 146 (weggefallen)

-

§ 147 Falsche Angaben oder unrichtige Darstellung

(1) Mit Freiheitsstrafe bis zu drei Jahren oder mit Geldstrafe wird bestraft, wer als Mitglied des Vorstands oder als Liquidator in einer schriftlichen Versicherung nach § 79a Abs. 5 Satz 2 über den Beschluss zur Fortsetzung der Genossenschaft falsche Angaben macht oder erhebliche Umstände verschweigt.

(2) Ebenso wird bestraft, wer als Mitglied des Vorstands oder des Aufsichtsrats oder als Liquidator

1. die Verhältnisse der Genossenschaft in Darstellungen oder Übersichten über den Vermögensstand, die Mitglieder oder die Haftsummen, in Vorträgen oder Auskünften in der Generalversammlung unrichtig wiedergibt oder verschleiert, wenn die Tat nicht in § 340m in Verbindung mit § 331 Nr. 1 oder Nr. 1a des Handelsgesetzbuchs mit Strafe bedroht ist,

2. in Aufklärungen oder Nachweisen, die nach den Vorschriften dieses Gesetzes einem Prüfer der Genossenschaft zu geben sind, falsche Angaben macht oder die Verhältnisse der Genossenschaft unrichtig wiedergibt oder verschleiert, wenn die Tat nicht in § 340m in Verbindung mit § 331 Nr. 4 des Handelsgesetzbuchs mit Strafe bedroht ist.

§ 148 Pflichtverletzung bei Verlust

(1) Mit Freiheitsstrafe bis zu drei Jahren oder mit Geldstrafe wird bestraft, wer entgegen § 33 Abs. 3 die Generalversammlung nicht oder nicht rechtzeitig einberuft oder eine Anzeige nicht, nicht richtig, nicht vollständig oder nicht rechtzeitig erstattet.

(2) Handelt der Täter fahrlässig, ist die Strafe Freiheitsstrafe bis zu einem Jahr oder Geldstrafe.

§ 149 (weggefallen)

-

§ 150 Verletzung der Berichtspflicht

(1) Mit Freiheitsstrafe bis zu drei Jahren oder mit Geldstrafe wird bestraft, wer als Prüfer oder als Gehilfe eines Prüfers über das Ergebnis der Prüfung falsch berichtet, erhebliche Umstände im Bericht verschweigt oder einen inhaltlich unrichtigen Bestätigungsvermerk zu dem Jahresabschluss

oder zu dem Einzelabschluss nach § 325 Absatz 2a des Handelsgesetzbuchs einer Genossenschaft erteilt.

(2) Handelt der Täter gegen Entgelt oder in der Absicht, sich oder einen anderen zu bereichern oder einen anderen zu schädigen, so ist die Strafe Freiheitsstrafe bis zu fünf Jahren oder Geldstrafe. Ebenso wird bestraft, wer einen inhaltlich unrichtigen Bestätigungsvermerk zu einem in Absatz 1 genannten Abschluss einer Genossenschaft erteilt, die ein Unternehmen von öffentlichem Interesse nach § 316a Satz 2 Nummer 1 des Handelsgesetzbuchs ist.

(3) Handelt der Täter in den Fällen des Absatzes 2 Satz 2 leichtfertig, so ist die Strafe Freiheitsstrafe bis zu zwei Jahren oder Geldstrafe.

§ 151 Verletzung der Geheimhaltungspflicht

(1) Mit Freiheitsstrafe bis zu einem Jahr oder mit Geldstrafe wird bestraft, wer ein Geheimnis der Genossenschaft, namentlich ein Betriebs- oder Geschäftsgeheimnis, das ihm in seiner Eigenschaft als

1. Mitglied des Vorstands oder des Aufsichtsrats oder Liquidator oder

2. Prüfer oder Gehilfe eines Prüfers

bekannt geworden ist, unbefugt offenbart, im Falle der Nummer 2 jedoch nur, wenn die Tat nicht in § 340m in Verbindung mit § 333 des Handelsgesetzbuchs mit Strafe bedroht ist.

(2) Handelt der Täter gegen Entgelt oder in der Absicht, sich oder einen anderen zu bereichern oder einen anderen zu schädigen, so ist die Strafe Freiheitsstrafe bis zu zwei Jahren oder Geldstrafe. Ebenso wird bestraft, wer ein Geheimnis der in Absatz 1 bezeichneten Art, namentlich ein Betriebs- oder Geschäftsgeheimnis, das ihm unter den Voraussetzungen des Absatzes 1 bekannt geworden ist, unbefugt verwertet.

(3) Die Tat wird nur auf Antrag der Genossenschaft verfolgt. Hat ein Mitglied des Vorstands oder ein Liquidator die Tat begangen, so ist der Aufsichtsrat, hat ein Mitglied des Aufsichtsrats die Tat begangen, so sind der Vorstand oder die Liquidatoren antragsberechtigt.

§ 151a Verletzung der Pflichten bei Abschlussprüfungen

Mit Freiheitsstrafe bis zu einem Jahr oder mit Geldstrafe wird bestraft, wer als Mitglied des Aufsichtsrats oder als Mitglied eines Prüfungsausschusses einer Genossenschaft, die ein Unternehmen von öffentlichem Interesse nach § 316a Satz 2 Nummer 1 oder 2 des Handelsgesetzbuchs ist,

1. eine in § 152 Absatz 1a bezeichnete Handlung begeht und dafür einen Vermögensvorteil erhält oder sich versprechen lässt oder

2. eine in § 152 Absatz 1a bezeichnete Handlung beharrlich wiederholt.

§ 152 Bußgeldvorschriften

(1) Ordnungswidrig handelt, wer

1. besondere Vorteile als Gegenleistung dafür fordert, sich versprechen lässt oder annimmt, dass er bei einer Abstimmung in der Generalversammlung oder der Vertreterversammlung oder bei der Wahl der Vertreter nicht oder in einem bestimmten Sinne stimme oder

2. besondere Vorteile als Gegenleistung dafür anbietet, verspricht oder gewährt, dass jemand bei einer Abstimmung in der Generalversammlung oder der Vertreterversammlung oder bei der Wahl der Vertreter nicht oder in einem bestimmten Sinne stimme.

(1a) Ordnungswidrig handelt, wer als Mitglied des Aufsichtsrats oder als Mitglied eines Prüfungsausschusses einer Genossenschaft, die ein Unternehmen von öffentlichem Interesse nach § 316a Satz 2 Nummer 1 oder 2 des Handelsgesetzbuchs ist, die Unabhängigkeit der in § 55 Absatz 2 Satz 1 genannten Vertreter und Personen nicht nach Maßgabe des Artikels 5 Absatz 4 Unterabsatz 1 Satz 1 der Verordnung (EU) Nr. 537/2014 des Europäischen Parlaments und des Rates vom 16. April 2014 über spezifische Anforderungen an die Abschlussprüfung bei Unternehmen von öffentlichem Interesse und zur Aufhebung des Beschlusses 2005/909/EG der Kommission (ABl. L 158 vom 27.5.2014, S. 77, L 170 vom 11.6.2014, S. 66) in Verbindung mit § 55 Absatz 2 Satz 5 oder nach Maßgabe des Artikels 6 Absatz 2 der Verordnung (EU) Nr. 537/2014 in Verbindung mit § 38 Absatz 1a Satz 4 überwacht.

(2) Die Ordnungswidrigkeit kann in den Fällen des Absatzes 1a mit einer Geldbuße bis zu fünfhunderttausend Euro, in den übrigen Fällen mit einer Geldbuße bis zu zehntausend Euro geahndet werden.

(3) Verwaltungsbehörde im Sinne des § 36 Absatz 1 Nummer 1 des Gesetzes über Ordnungswidrigkeiten ist in den Fällen des Absatzes 1a bei einer Genossenschaft, die ein Unternehmen von öffentlichem Interesse nach § 316a Satz 2 Nummer 2 des Handelsgesetzbuchs ist, die Bundesanstalt für Finanzdienstleistungsaufsicht, in den übrigen Fällen des Absatzes 1a das Bundesamt für Justiz.

§ 153 Mitteilungen an die Abschlussprüferaufsichtsstelle

(1) Die nach § 152 Absatz 3 zuständige Verwaltungsbehörde übermittelt der Abschlussprüferaufsichtsstelle beim Bundesamt für Wirtschaft und Ausfuhrkontrolle alle Bußgeldentscheidungen nach § 152 Absatz 1a.

(2) In Strafverfahren, die eine Straftat nach § 151a zum Gegenstand haben, übermittelt die Staatsanwaltschaft im Falle der Erhebung der öffentlichen Klage der Abschlussprüferaufsichtsstelle die das Verfahren abschließende Entscheidung. Ist gegen die Entscheidung ein Rechtsmittel eingelegt worden, ist die Entscheidung unter Hinweis auf das eingelegte Rechtsmittel zu übermitteln.

§ 154 (weggefallen)

Abschnitt 10 Schlussvorschriften

§ 155 Altregister im Beitrittsgebiet

Register, in die landwirtschaftliche Produktionsgenossenschaften, Produktionsgenossenschaften des Handwerks oder andere Genossenschaften oder kooperative Einrichtungen mit Sitz in dem in Artikel 3 des Einigungsvertrages genannten Gebiet am 3. Oktober 1990 eingetragen waren, gelten als Genossenschaftsregister im Sinne dieses Gesetzes und des Gesetzes über das Verfahren in Familiensachen und in den Angelegenheiten der freiwilligen Gerichtsbarkeit. Die Wirksamkeit von Eintragungen in diese Register wird nicht dadurch berührt, dass diese Eintragungen vor dem Inkrafttreten des Registerverfahrensbeschleunigungsgesetzes vom 20. Dezember 1993 (BGBl. I S. 2182) am 25. Dezember 1993 von der Verwaltungsbehörde vorgenommen worden sind.

§ 156 Anwendbarkeit von Vorschriften über das Handelsregister; Bekanntmachung von Eintragungen, Registerbekanntmachungen

§ 8 Absatz 1 sowie die §§ 8a, 9, 10, 10a und 11 des Handelsgesetzbuchs finden auf das Genossenschaftsregister Anwendung.

§ 157 Anmeldungen zum Genossenschaftsregister

Die in § 11 Abs. 1 geregelte Anmeldung zum Genossenschaftsregister ist von sämtlichen Mitgliedern des Vorstands, die anderen nach diesem Gesetz vorzunehmenden Anmeldungen sind vom Vorstand oder den Liquidatoren elektronisch in öffentlich beglaubigter Form einzureichen. Die öffentliche Beglaubigung mittels Videokommunikation gemäß § 40a des Beurkundungsgesetzes ist zulässig.

§ 158 Ersatzweise Bekanntmachung

Bestimmt die Satzung einer Genossenschaft für deren Bekanntmachungen ein öffentliches Blatt, das nicht mehr zur Verfügung steht, müssen bis zu einer anderweitigen Regelung in der Satzung die Bekanntmachungen im Bundesanzeiger erfolgen.

§ 159 (weggefallen)

-

§ 160 Zwangsgeldverfahren

(1) Die Mitglieder des Vorstands sind von dem Registergericht zur Befolgung der in den §§ 14, 25a, 28, 30, 32, 54 Satz 2, § 57 Absatz 1, § 59 Abs. 1, § 78 Abs. 2, § 79 Abs. 2 enthaltenen Vorschriften durch Festsetzung von Zwangsgeld anzuhalten. In gleicher Weise sind die Mitglieder des Vorstands und die Liquidatoren zur Befolgung der in § 33 Abs. 1 Satz 2, § 42 Abs. 1 in Verbindung mit § 53 des

Handelsgesetzbuchs, §§ 47, 48 Abs. 3 und 4 Satz 4, § 51 Abs. 4 und 5, § 56 Abs. 2, §§ 84, 85 Abs. 2, § 89 dieses Gesetzes enthaltenen Vorschriften sowie die Mitglieder des Vorstands und des Aufsichtsrats und die Liquidatoren dazu anzuhalten, dafür zu sorgen, dass die Genossenschaft vorbehaltlich des § 9 Abs. 1 Satz 2 nicht länger als drei Monate ohne oder ohne beschlussfähigen Aufsichtsrat ist. Das einzelne Zwangsgeld darf den Betrag von fünftausend Euro nicht übersteigen.

(2) Für das Verfahren sind die Vorschriften maßgebend, welche zur Erzwingung der im Handelsgesetzbuch angeordneten Anmeldungen zum Handelsregister gelten.

§ 161 (weggefallen)

§ 162 Übergangsvorschrift für Wohnungsunternehmen

Am 31. Dezember 1989 als gemeinnützige Wohnungsunternehmen oder als Organe der staatlichen Wohnungspolitik anerkannte Unternehmen, die nicht eingetragene Genossenschaften sind, bleiben Mitglieder des Prüfungsverbandes, dem sie zu diesem Zeitpunkt angehören.

§ 163 (weggefallen)

§ 164 Übergangsregelung zur Beschränkung der Jahresabschlussprüfung

§ 53 Abs. 2 Satz 1 in der vom 22. Juli 2017 an geltenden Fassung ist erstmals auf die Prüfung des Jahresabschlusses für ein frühestens am 31. Dezember 2017 endendes Geschäftsjahr anzuwenden.

§ 165 (weggefallen)

§ 166 Übergangsregelung zum Berufsaufsichtsreformgesetz

(1) Ein Prüfungsverband, dem vor dem 6. September 2007 eine Bescheinigung über die Teilnahme an der Qualitätskontrolle erteilt wurde, kann eine Verlängerung der Befristung der Teilnahmebescheinigung auf insgesamt sechs Jahre beantragen, soweit er nicht unter § 63e Abs. 1 Satz 2 fällt.

(2) Ist die Teilnahmebescheinigung auf sechs Jahre befristet worden, hat ein Prüfungsverband, der bei einer Genossenschaft, einer in Artikel 25 Abs. 1 Satz 1 Nr. 1 des Einführungsgesetzes zum Handelsgesetzbuch genannten Gesellschaft oder einem in Artikel 25 Abs. 1 Satz 1 Nr. 2 des Einführungsgesetzes zum Handelsgesetzbuch genannten Unternehmen, die einen organisierten Markt im Sinne des § 2 Absatz 11 des Wertpapierhandelsgesetzes in Anspruch nehmen, mehr als drei Jahre nach Ausstellen der Teilnahmebescheinigung eine der Qualitätskontrolle unterfallende Prüfung durchführt, innerhalb von sechs Monaten nach Annahme des Prüfungsauftrages eine Qualitätskontrolle durchführen zu lassen.

§ 167 Übergangsvorschrift zum Bilanzrechtsmodernisierungsgesetz

(1) § 36 Abs. 4 und § 38 Abs. 1a Satz 2 in der Fassung des Bilanzrechtsmodernisierungsgesetzes vom 25. Mai 2009 (BGBl. I S. 1102) finden keine Anwendung, solange alle Mitglieder des Aufsichtsrats und des Prüfungsausschusses vor dem 29. Mai 2009 bestellt worden sind.

(2) § 53 Abs. 3 in der Fassung des Bilanzrechtsmodernisierungsgesetzes vom 25. Mai 2009 (BGBl. I S. 1102) ist erstmals ab dem 1. Januar 2010 anzuwenden.

§ 168 Übergangsvorschrift zu dem Gesetz für die gleichberechtigte Teilhabe von Frauen und Männern an Führungspositionen in der Privatwirtschaft und im öffentlichen Dienst

Die Festlegungen nach § 9 Absatz 3 Satz 1 und 3 sowie Absatz 4 Satz 1 und 3 in der am 1. Mai 2015 geltenden Fassung haben erstmals bis spätestens 30. September 2015 zu erfolgen. Die nach § 9 Absatz 3 Satz 3 und Absatz 4 Satz 3 in der am 1. Mai 2015 geltenden Fassung erstmals festzulegende Frist darf nicht länger als bis zum 30. Juni 2017 dauern.

§ 169 Übergangsvorschrift zum Abschlussprüfungsreformgesetz

§ 36 Absatz 4 und § 38 Absatz 1a Satz 3 jeweils in der Fassung des Abschlussprüfungsreformgesetzes vom 10. Mai 2016 (BGBl. I S. 1142) müssen so lange nicht angewandt werden, wie alle Mitglieder des Aufsichtsrats und des Prüfungsausschusses vor dem 17. Juni 2016 bestellt worden sind.

§ 170 Übergangsregelung zum CSR-Richtlinie-Umsetzungsgesetz

§ 38 in der Fassung des CSR-Richtlinie-Umsetzungsgesetzes vom 11. April 2017 (BGBl. I S. 802) ist erstmals auf Lageberichte und Konzernlageberichte anzuwenden, die sich auf ein nach dem 31. Dezember 2016 beginnendes Geschäftsjahr beziehen. Auf Lage- und Konzernlageberichte, die sich auf vor dem 1. Januar 2017 beginnende Geschäftsjahre beziehen, bleibt § 38 in der bis zum 18. April 2017 geltenden Fassung anwendbar.

§ 171 Übergangsvorschrift zur Einführung der vereinfachten Prüfung

§ 53a ist erstmals auf die Prüfung für ein frühestens am 31. Dezember 2017 endendes Geschäftsjahr anzuwenden.

§ 172 Übergangsvorschrift zum Gesetz zur weiteren Umsetzung der Transparenzrichtlinie-Änderungsrichtlinie im Hinblick auf ein einheitliches elektronisches Format für Jahresfinanzberichte

§ 53 in der ab dem 19. August 2020 geltenden Fassung ist erstmals auf Jahresabschlüsse und Lageberichte für das nach dem 31. Dezember 2019 beginnende Geschäftsjahr anzuwenden.

§ 173 Übergangsvorschrift zum Finanzmarktintegritätsstärkungsgesetz

(1) Die §§ 55, 151a und 152 in der ab dem 1. Juli 2021 geltenden Fassung sind erstmals auf alle gesetzlich vorgeschriebenen Prüfungen für das nach dem 31. Dezember 2021 beginnende Geschäftsjahr anzuwenden. Die in Satz 1 genannten Vorschriften in der bis einschließlich 30. Juni 2021 geltenden Fassung sind letztmals anzuwenden auf alle gesetzlich vorgeschriebenen Prüfungen für das vor dem 1. Januar 2022 beginnende Geschäftsjahr.

(2) § 53 Absatz 3 in der ab dem 1. Juli 2021 geltenden Fassung ist erstmals ab dem 1. Januar 2022 anzuwenden.

§ 174 Übergangsvorschrift zum Gesetz zur Ergänzung und Änderung der Regelungen für die gleichberechtigte Teilhabe von Frauen an Führungspositionen in der Privatwirtschaft und im öffentlichen Dienst

§ 9 Absatz 3 und 4 in der vom 12. August 2021 an geltenden Fassung findet erstmals auf die Festlegung von Zielgrößen ab dem 12. August 2021 Anwendung.

§ 175 Übergangsvorschrift zum Gesetz zur Umsetzung der Digitalisierungsrichtlinie

§ 53a Absatz 2 Satz 1 Nummer 3 und § 89 Satz 3 in der ab dem 1. August 2022 geltenden Fassung sind erstmals auf Rechnungslegungsunterlagen für das nach dem 31. Dezember 2021 beginnende Geschäftsjahr anzuwenden. Die in Satz 1 bezeichneten Vorschriften in der bis einschließlich 31. Juli 2022 geltenden Fassung sind letztmals anzuwenden auf Rechnungslegungsunterlagen für das vor dem 1. Januar 2022 beginnende Geschäftsjahr.

Wohnungsgenossenschafts-Vermögensgesetz - WoGenVermG

Gesetz zur Regelung vermögensrechtlicher Angelegenheiten der Wohnungsgenossenschaften im Beitrittsgebiet

Ausfertigungsdatum: 23.06.1993

Wohnungsgenossenschafts-Vermögensgesetz in der Fassung der Bekanntmachung vom 26. Juni 1994 (BGBl. I S. 1437). Neugefasst durch Bek. v. 26.6.1994 I 1437.

Fußnote (+++ Textnachweis ab: 27.6.1993 +++) Überschrift: Lang- und Kurzüberschrift idF d. Art. 17 § 2 Nr. 1 G v. 20.12.1993 I 2182 mWv 25.12.1993; Buchstabenabkürzung eingefügt durch Art. 17 § 2 Nr. 1 G v. 20.12.1993 I 2182 mWv 25.12.1993

Das G wurde als Artikel 40 G 105-16 v. 23.6.1993 I 944 (FKPG) vom Bundestag mit Zustimmung des Bundesrates beschlossen. Es ist gem. Art. 43 Abs. 1 dieses G am 27.6.1993 in Kraft getreten.

§ 1 Grundsatz

(1) Die Wohnungsgenossenschaften sind Eigentümer des von ihnen für Wohnzwecke genutzten, ehemals volkseigenen Grund und Bodens. Dies gilt auch, soweit über die Zuordnung auf Grund bis zum 27. Juni 1993 geltender Vorschriften entschieden worden ist; ein nach § 8 des Vermögenszuordnungsgesetzes Verfügungsberechtigter ist gegenüber den Wohnungsgenossenschaften verpflichtet, sich jeder Verfügung über den von den Wohnungsgenossenschaften für Wohnzwecke genutzten, ehemals volkseigenen Grund und Boden zu enthalten. Wohnungsgenossenschaften im Sinne dieses Gesetzes sind ehemalige Arbeiterwohnungsbaugenossenschaften, Gemeinnützige Wohnungsbaugenossenschaften und sonstige Wohnungsbaugenossenschaften, die am 2. Oktober 1990 bestanden, sowie deren Rechtsnachfolger.

(2) Zu dem von den Wohnungsgenossenschaften für Wohnzwecke genutzten Grund und Boden im Sinne des Absatzes 1 gehören die mit Wohngebäuden überbauten Flächen sowie die Flächen, die mit den Wohngebäuden in unmittelbarem räumlichen und funktionalen Zusammenhang stehen. Dies sind insbesondere die von der Bebauung freizuhaltenden Flächen, wie gebäudebezogene Grünanlagen, Vorgartenflächen, Hofflächen, Kleinkinderspielplatzflächen, Wäschetrockenplätze, Müllsammelplätze und Zugänge zu den Wohngebäuden, sowie die den Wohngebäuden zuzurechnenden, vorhandenen Stellplätze.

(3) Von Absatz 1 bleiben nach anderen Vorschriften bestehende oder einzuräumende Geh-, Fahr- und Leitungsrechte sowie das Eigentum an damit in Zusammenhang stehenden Anlagen und Einrichtungen unberührt.

(4) Auf Gebäudeeigentum der Wohnungsgenossenschaften ist Artikel 233 § 4 Abs. 5 des Einführungsgesetzes zum Bürgerlichen Gesetzbuche anzuwenden.

(5) Soweit Vereinbarungen und Verfügungen vor dem 27. Juni 1993 von einer Gemeinde und einer Wohnungsgenossenschaft getroffen worden sind, besteht ein Anspruch auf Übertragung von Grundeigentum nach Absatz 1. § 3 ist anzuwenden.

(6) Ist in anderen als in Absatz 5 bezeichneten Fällen Eigentum im Sinne des Absatzes 1 Satz 1 auf eine juristische Person, deren Anteile ganz oder teilweise der Gemeinde zustehen, übertragen, so ist auf Antrag der Wohnungsgenossenschaft durch Zuordnungsbescheid nach dem Vermögenszuordnungsgesetz das Eigentum am Grund und Boden der Wohnungsgenossenschaft zu übertragen. Die Gemeinde und die juristische Person sind zur Freistellung von etwaigen Belastungen verpflichtet. § 3 ist anzuwenden.

(7) Durch den Eigentumsübergang nach Absatz 1 bleiben vorbehaltlich der vorstehenden Vorschriften nur Ansprüche nach dem Vermögensgesetz unberührt.

§ 2 Feststellung des Grund und Bodens

(1) Auf die Feststellung, in welchem Umfang die Wohnungsgenossenschaften Eigentümer von Grund und Boden sind, findet das Vermögenszuordnungsgesetz Anwendung. Zuständig ist der Oberfinanzpräsident oder eine von ihm zu ermächtigende Person gemäß § 1 Abs. 1 Satz 1 Nr. 2 und Satz 5 des Vermögenszuordnungsgesetzes. Die Wohnungsgenossenschaften sind entsprechend § 2 des Vermögenszuordnungsgesetzes antragsberechtigt.

(2) Hat die Gemeinde vor dem 27. Juni 1993 nach § 2 des Vermögenszuordnungsgesetzes einen Antrag gestellt, der sich auch auf das in Absatz 1 bezeichnete Grundvermögen bezieht, wird das Verfahren nach dem Vermögenszuordnungsgesetz unter Berücksichtigung des Eigentumsübergangs nach § 2 Abs. 1 fortgeführt; betroffene Wohnungsgenossenschaften sind zu beteiligen. § 2 Abs. 2a des Vermögenszuordnungsgesetzes bleibt unberührt.

(3) Ist vor dem 27. Juni 1993 ein Bescheid nach dem Vermögenszuordnungsgesetz bestandskräftig geworden, durch den der in § 1 Abs. 1 bezeichnete Grund und Boden einer Gemeinde zugeordnet ist, ist auf Antrag der Wohnungsgenossenschaft der Bescheid nach Maßgabe des § 1 Abs. 1 zu ändern. § 3 ist entsprechend anzuwenden.

§ 3 Ausgleich

(1) Die Wohnungsgenossenschaften haben den Gemeinden, in deren Gebiet der in § 1 Abs. 1 bezeichnete Grund und Boden gelegen ist, einen Ausgleich in Geld nach Maßgabe der Absätze 2 und 3 zu leisten. Die Leistungspflicht wird durch Zuordnungsbescheid festgesetzt.

(2) Die Höhe des Ausgleichs bestimmt sich nach der Größe der Grundstücksfläche multipliziert mit folgenden Beträgen:

1. in Gemeinden bis zu 30.000 Einwohnern 1 DM/qm,

2. in Gemeinden mit mehr als 30.000 bis 100.000 Einwohnern 2 DM/qm,

3. in Gemeinden mit mehr als 100.000 Einwohnern 3 DM/qm.

Maßgeblich ist die Einwohnerzahl im Zeitpunkt der Entscheidung nach Absatz 1. Zulässig sind Vereinbarungen zwischen Wohnungsgenossenschaften und Gemeinden über geringere Ausgleichsbeträge.

(3) Von den Absätzen 1 und 2 unberührt bleiben bis zum 27. Juni 1993 rechtswirksam geschlossene Vereinbarungen zwischen Wohnungsgenossenschaften und Gemeinden, durch die geringere als die in Absatz 2 Satz 1 bezeichneten Ausgleichsbeträge als Entgelte festgelegt worden sind. Soweit auf Grund von Vereinbarungen vor dem 27. Juni 1993 höhere Entgelte gezahlt worden sind, sind diese zu erstatten und künftig nicht mehr zu zahlen. Soweit sich die Wohnungsgenossenschaften auf Grund von Vereinbarungen gegenüber den Gemeinden zu sonstigen Leistungen verpflichtet haben, sind diese Vereinbarungen unwirksam.

(4) Erfolgt eine Veräußerung des Grund und Bodens oder eines Teils davon durch eine Wohnungsgenossenschaft bis zum 30. Juni 2003 und übersteigt der Anteil des Bodenwerts am Veräußerungserlös 40 DM/qm, hat die Wohnungsgenossenschaft zwei Drittel des übersteigenden Betrags der Gemeinde innerhalb von einem Monat nach Fälligkeit des Veräußerungserlöses zu erstatten. Satz 1 ist nicht anzuwenden auf Veräußerungsfälle, die der Abführungspflicht nach § 5 Abs. 2 des Altschuldenhilfegesetzes unterliegen.

§ 4 Verhältnis zum Einigungsvertrag

Artikel 22 Abs. 4 des Einigungsvertrages und die Nummer 13 des Protokolls zum Einigungsvertrag, betreffend diese Vorschrift des Einigungsvertrages, sind in Ansehung der in § 1 Abs. 1 genannten Grundstücke von dem 27. Juni 1993 an nicht mehr anzuwenden. Artikel 21 Abs. 3 und Artikel 22 Abs. 1 Satz 7 des Einigungsvertrages finden keine Anwendung.

Verordnung über das Genossenschaftsregister

Genossenschaftsregisterverordnung - GenRegV

Ausfertigungsdatum: 11.07.1889

Genossenschaftsregisterverordnung in der Fassung der Bekanntmachung vom 16. Oktober 2006 (BGBl. I S. 2268), die zuletzt durch Artikel 6 des Gesetzes vom 5. Juli 2021 (BGBl. I S. 3338) geändert worden ist". Neugefasst durch Bek. v. 16.10.2006 I 2268; zuletzt geändert durch Art. 6 G v. 5.7.2021 I 3338.

Fußnote (+++ Textnachweis Geltung ab: 1.1.1974 +++)

Überschrift: IdF d. Art. 4 Abs. 1 Nr. 1 G v. 14.8.2006 I 1911 mWv 18.8.2006

Abschnitt 1
Allgemeines

§ 1 Zuständigkeit und Verfahren

Zuständigkeit und Verfahren bei der Führung des Genossenschaftsregisters bestimmen sich, soweit nicht durch bundesrechtliche Vorschriften oder die nachstehenden Vorschriften etwas anderes vorgeschrieben ist, nach den für das Handelsregister geltenden Vorschriften.

§ 2 (weggefallen)

-

§ 3 Benachrichtigung der Beteiligten

(1) Jede Eintragung oder Ablehnung einer Eintragung in das Genossenschaftsregister ist dem Vorstand, bei einer Europäischen Genossenschaft dem Leitungsorgan oder den geschäftsführenden Direktoren, oder den Liquidatoren bekannt zu geben.

(2) Die Benachrichtigung kann durch einfache Postsendung erfolgen.

§ 4 Bekanntmachung der Registereintragungen

Die Eintragung ist unverzüglich zum Abruf über das nach § 156 des Genossenschaftsgesetzes in Verbindung mit § 9 Absatz 1 des Handelsgesetzbuchs bestimmte elektronische Informations- und Kommunikationssystem bereitzustellen.

§ 5 (weggefallen)

-

§ 6 Form der Anmeldung

(1) Die Vorschrift, dass Anmeldungen zum Genossenschaftsregister in öffentlich beglaubigter Form einzureichen sind (§ 157 des Gesetzes), gilt nur für die Anmeldungen, die in dem Gesetz als solche ausdrücklich bezeichnet sind.

(2) Dahin gehören:

1.

die Anmeldung der Satzung (Gesetz §§ 10, 11);

2.

die Anmeldung von Änderungen der Satzung (Gesetz § 16);

3.

die Anmeldung einer Zweigniederlassung und ihrer Aufhebung (Gesetz § 14);

4.

die Anmeldung der Bestellung, des Ausscheidens, der vorläufigen Enthebung und der Änderung der Vertretungsbefugnis eines Vorstandsmitglieds, seines Stellvertreters oder eines Liquidators (Gesetz §§ 10, 11, 28, 35, 84 Abs. 1, § 85 Abs. 2);

5.

die Anmeldung der Erteilung, der Änderung und des Erlöschens einer Prokura (Gesetz § 42 Abs. 1, Handelsgesetzbuch § 53);

6.

die Anmeldung der Auflösung und der Fortsetzung einer Genossenschaft in den Fällen der §§ 78, 79, 79a, 117 des Gesetzes;

7.

die Anmeldung der Umwandlung unter Beteiligung einer Genossenschaft (§§ 16, 38, 125, 129, 137, 148, 198, 222, 254, 265, 286 UmwG);

8.

(weggefallen).

(3) Die Anmeldung durch einen Bevollmächtigten ist ausgeschlossen. § 378 des Gesetzes über das Verfahren in Familiensachen und in den Angelegenheiten der freiwilligen Gerichtsbarkeit bleibt unberührt.

(4) Auf Anmeldungen zum Genossenschaftsregister, welche die Europäische Genossenschaft betreffen, sind die Absätze 1 bis 3 unter Berücksichtigung der §§ 3, 17, 22 Abs. 1 und des § 26 des SCE-Ausführungsgesetzes entsprechend anzuwenden.

§ 7 Sonstige Anzeigen und Erklärungen

(1) Für die sonstigen Anzeigen und Erklärungen, die zum Genossenschaftsregister zu bewirken sind, bedarf es, soweit nichts anderes vorgeschrieben ist, nicht der öffentlich beglaubigten Form.

(2) Sind die sonstigen Anzeigen oder Erklärungen mit rechtlicher Wirkung für die Genossenschaft oder die Europäische Genossenschaft verbunden, müssen sie in der für die Willenserklärungen der Genossenschaft oder der Europäischen Genossenschaft vorgeschriebenen Form erfolgen, insbesondere unter Mitwirkung der hiernach erforderlichen Zahl von Vorstandsmitgliedern, bei einer Europäischen Genossenschaft von Mitgliedern des Leitungsorgans oder geschäftsführenden Direktoren, von Prokuristen oder Liquidatoren (§§ 25, 42 Abs. 1 und § 85 des Gesetzes sowie § 23 des SCE-Ausführungsgesetzes).

(3) Die Einreichungen und Anzeigen sind in der Form des § 12 Abs. 2 des Handelsgesetzbuchs zu bewirken.

§ 8 Form der einzureichenden Abschrift einer Urkunde

In den Fällen, in welchen die Abschrift einer Urkunde zum Genossenschaftsregister einzureichen ist, genügt, sofern nicht ein anderes vorgeschrieben ist, eine einfache Abschrift (vgl. Gesetz § 11 Abs. 2 Nr. 2, § 16 Abs. 5 Satz 1, § 28 Satz 2, § 84 Abs. 1 Satz 2).

§ 9 (weggefallen)

-

§ 10 (weggefallen)

-

§ 11 (weggefallen)

-

Abschnitt 2
Eintragungen in das Genossenschaftsregister

§§ 12 und 13 (weggefallen)

§ 14 (weggefallen)

-

§ 15 Eintragung der Satzung

(1) Vor der Eintragung der Satzung (§§ 10 bis 12 des Gesetzes) hat das Gericht zu prüfen, ob die Satzung den Vorschriften des Gesetzes genügt, insbesondere ob

1.

der in der Satzung bezeichnete Zweck der Genossenschaft den Voraussetzungen des § 1 des Gesetzes entspricht,

2.

auf Grund der gutachtlichen Äußerung des Prüfungsverbandes keine Gefährdung der Belange der Mitglieder oder der Gläubiger der Genossenschaft zu besorgen ist und eine solche Gefährdung auch nicht offenkundig ist (§ 11a Abs. 2 des Gesetzes) und

3.

die Satzung die erforderlichen Bestimmungen (§§ 6, 7 und 36 Abs. 1 Satz 2 des Gesetzes) enthält.

(2) Die Eintragung der Satzung in das Register erfolgt durch Aufnahme eines Auszugs.

(3) Der Auszug muss folgende Angaben enthalten:

1.

das Datum der Satzung;

2.

die Firma und den Sitz der Genossenschaft;

3.

den Gegenstand des Unternehmens;

4.

die Zeitdauer der Genossenschaft, falls diese auf eine bestimmte Zeit beschränkt ist;

5.

die Mitglieder des Vorstands, ihre Vertretungsbefugnis (Gesetz § 25) und ihre Stellvertreter (Gesetz § 35).

(4) In den Auszug sind ferner die Bestimmungen der Satzung über die Nachschusspflicht der Mitglieder (Gesetz § 6 Nr. 3) aufzunehmen. Ist in der Satzung bestimmt, dass sich bei Beteiligung mit mehr als einem Geschäftsanteil die Haftsumme auf einen höheren Betrag als den Gesamtbetrag der Geschäftsanteile erhöht (Gesetz § 121 Satz 2) oder dass durch die Beteiligung mit weiteren Geschäftsanteilen eine Erhöhung der Haftsumme nicht eintritt (Gesetz § 121 Satz 3), sind auch diese Bestimmungen aufzunehmen. Bestimmt die Satzung ein Mindestkapital (§ 8a Abs. 1 des Gesetzes), ist auch diese Bestimmung aufzunehmen.

(5) Die Satzung (Gesetz § 11 Abs. 2 Nr. 1) ist zu den Akten zu nehmen.

(6) Auf die Eintragung der Satzung der Europäischen Genossenschaft sind die Absätze 1 bis 5 nicht anzuwenden.

§ 16 Eintragung von Satzungsänderungen

(1) Beschlüsse der Generalversammlung, die eine Änderung der in § 15 Abs. 3 und 4 bezeichneten Bestimmungen der Satzung oder die Fortsetzung einer auf bestimmte Zeit beschränkten Genossenschaft zum Gegenstande haben, werden nach ihrem Inhalt, Beschlüsse, die eine sonstige Satzungsänderung betreffen, nur unter allgemeiner Bezeichnung des Gegenstandes eingetragen (Gesetz § 16).

(2) Eine Abschrift des Beschlusses (Gesetz § 16 Abs. 5 Satz 1) sowie der vollständige neue Satzungswortlaut nebst Erklärung des Vorstands (Gesetz § 16 Abs. 5 Satz 2) ist zu den Akten zu nehmen.

(3) Die Absätze 1 und 2 sind auf satzungsändernde Beschlüsse der Generalversammlung einer Europäischen Genossenschaft entsprechend anzuwenden; an die Stelle der in § 15 Abs. 3 und 4 bezeichneten Bestimmungen der Satzung treten die Satzungsbestimmungen nach Artikel 5 Abs. 4 der Verordnung (EG) Nr. 1435/2003 des Rates vom 22. Juli 2003 über das Statut der Europäischen Genossenschaft (SCE) (ABl. EU Nr. L 207 S. 1).

§ 17 (weggefallen)

-

§ 18 Vorstandsmitglieder, Prokuristen

(1) Die Bestellung von Vorstandsmitgliedern und ihrer Stellvertreter, bei einer Europäischen Genossenschaft von Mitgliedern des Leitungsorgans oder von geschäftsführenden Direktoren und ihrer Stellvertreter, ihre Vertretungsbefugnis sowie die Änderung und die Beendigung der Vertretungsbefugnis (§ 10 Abs. 1, § 25 Abs. 1 und 2, § 28 und § 35 des Gesetzes sowie § 17 Abs. 1 bis 3, § 23 Abs. 1 bis 3 und § 26 des SCE-Ausführungsgesetzes) sind unverzüglich zur Eintragung

anzumelden. Als Ende der Vertretungsbefugnis gilt auch eine vorläufige Enthebung durch den Aufsichtsrat (Gesetz § 40). Die Vorstandsmitglieder, Mitglieder des Leitungsorgans, geschäftsführenden Direktoren und ihre Stellvertreter sind mit Familiennamen, Vornamen, Geburtsdatum und Wohnort einzutragen.

(2) Absatz 1 Satz 1 gilt für die Anmeldung von Prokuristen (Gesetz § 42 Abs. 1) entsprechend. Die Prokuristen sind mit Familiennamen, Vornamen, Geburtsdatum und Wohnort einzutragen.

§ 19 (weggefallen)

-

§ 20 Eintragung der Auflösung

(1) Die Eintragung der Auflösung einer Genossenschaft oder einer Europäischen Genossenschaft in das Register der Hauptniederlassung erfolgt

1.

in den Fällen der §§ 78 und 79 des Gesetzes auf Grund der Anmeldung des Vorstands, bei einer Europäischen Genossenschaft auf Grund der Anmeldung des Leitungsorgans oder der geschäftsführenden Direktoren,

2.

in den übrigen Fällen von Amts wegen, und zwar

a)

im Falle des § 80 des Gesetzes sowie im Falle des Artikels 73 Abs. 1 der Verordnung (EG) Nr. 1435/2003 nach Eintritt der Rechtskraft des von dem Registergericht erlassenen Auflösungsbeschlusses,

b)

im Falle des § 81 des Gesetzes auf Grund der von dem zuständigen Landgericht dem Registergericht mitgeteilten rechtskräftigen Entscheidung, durch welche die Auflösung ausgesprochen ist,

c)

im Falle der Eröffnung des Insolvenzverfahrens und im Falle des § 81a Nr. 1 des Gesetzes auf Grund der Mitteilung der Geschäftsstelle des Insolvenzgerichts (§ 31 der Insolvenzordnung).

(2) In allen Fällen der Auflösung, außer dem Falle der Eröffnung des Insolvenzverfahrens und der Auflösung infolge Verschmelzung oder Aufspaltung, sind die Liquidatoren von dem Vorstand, bei einer Europäischen Genossenschaft vom Leitungsorgan oder den geschäftsführenden Direktoren anzumelden. Dies gilt auch dann, wenn die Liquidation durch die Mitglieder des Vorstands, bei einer Europäischen Genossenschaft des Leitungsorgans oder die geschäftsführenden Direktoren als

Liquidatoren erfolgt (Gesetz §§ 83, 84). Sind die Liquidatoren durch das Gericht ernannt, so geschieht die Eintragung der Ernennung und der Abberufung von Amts wegen (Gesetz § 84 Abs. 2).

(3) Für die Anmeldung und Eintragung der Vertretungsbefugnis und jeder Änderung der Vertretungsbefugnis der Liquidatoren (Gesetz § 84 Abs. 1, § 85) sowie für den Inhalt der Eintragung gilt § 18 Abs. 1 Satz 1 und 3 entsprechend.

§ 21 Anmeldepflicht bei Beendigung der Liquidation und Eintragungen bei Insolvenz

(1) Sobald mit der vollständigen Verteilung des Genossenschaftsvermögens die Liquidation beendigt ist, haben die Liquidatoren die Beendigung ihrer Vertretungsbefugnis zur Eintragung anzumelden.

(2) Von Amts wegen auf Grund der Mitteilung der Geschäftsstelle des Insolvenzgerichts sind einzutragen (§ 102 des Gesetzes)

1.

die Aufhebung des Eröffnungsbeschlusses,

2.

die Bestellung eines vorläufigen Insolvenzverwalters unter den Voraussetzungen des § 102 Satz 2 Nr. 2 des Gesetzes,

3.

die Anordnung der Eigenverwaltung durch den Schuldner und deren Aufhebung sowie die Anordnung der Zustimmungsbedürftigkeit bestimmter Rechtsgeschäfte des Schuldners nach § 277 der Insolvenzordnung,

4.

die Einstellung und die Aufhebung des Insolvenzverfahrens und

5.

die Überwachung der Erfüllung eines Insolvenzplans und die Aufhebung der Überwachung.

§ 21a (weggefallen)

-

§ 21b (weggefallen)

-

§ 22 Eintragung der Nichtigkeit der Genossenschaft

(1) Soll eine Genossenschaft oder eine Europäische Genossenschaft von Amts wegen als nichtig gelöscht werden, so ist in der Verfügung, welche nach § 395 Abs. 2 in Verbindung mit § 397 des Gesetzes über das Verfahren in Familiensachen und in den Angelegenheiten der freiwilligen Gerichtsbarkeit der Genossenschaft oder der Europäischen Genossenschaft zugestellt wird, ausdrücklich darauf hinzuweisen, dass der Mangel bis zur Löschung durch Beschluss der Generalversammlung gemäß § 95 Abs. 2 bis 4 des Genossenschaftsgesetzes, § 10 Abs. 1 Satz 2 des SCE-Ausführungsgesetzes geheilt werden kann.

(2) Die Löschung erfolgt durch Eintragung eines Vermerkes, der die Genossenschaft oder Europäische Genossenschaft als nichtig bezeichnet. Das Gleiche gilt in dem Falle, dass die Genossenschaft oder Europäische Genossenschaft durch ein rechtskräftiges Urteil für nichtig erklärt ist (Gesetz §§ 94, 96).

(3) Im Übrigen finden die Vorschriften des § 20 Abs. 2, 3 und des § 21 Abs. 1 entsprechende Anwendung.

§ 23 Eintragung der Nichtigkeit von Beschlüssen der Generalversammlung

Soll ein eingetragener Beschluss der Generalversammlung von Amts wegen als nichtig gelöscht werden (§ 398 des Gesetzes über das Verfahren in Familiensachen und in den Angelegenheiten der freiwilligen Gerichtsbarkeit), so erfolgt die Löschung durch Eintragung eines Vermerkes, der den Beschluss als nichtig bezeichnet. Das Gleiche gilt, wenn der Beschluss durch rechtskräftiges Urteil für nichtig erklärt ist (Gesetz § 51 Abs. 5).

§ 24 Berichtigung von Schreibfehlern

Schreibfehler und ähnliche offenbare Unrichtigkeiten, die in einer Eintragung vorkommen, sind von dem Gerichte zu berichtigen, ohne dass es einer vorgängigen Benachrichtigung der Genossenschaft oder der Europäischen Genossenschaft bedarf. Die Berichtigung erfolgt in Form einer neuen Eintragung oder auf andere eindeutige Weise.

§ 25 Gestaltung des Genossenschaftsregisters

Der Inhalt des Genossenschaftsregisters muss auf dem Bildschirm und in Ausdrucken entsprechend dem beigegebenen Muster (Anlage 1) sichtbar gemacht werden können. Der letzte Stand aller noch nicht gegenstandslos gewordenen Eintragungen (aktueller Registerinhalt) kann statt in spaltenweiser Wiedergabe auch als fortlaufender Text nach dem Muster in Anlage 2 sichtbar gemacht werden.

§ 26 Inhalt der Eintragungen

In das Genossenschaftsregister werden Angaben entsprechend den folgenden Nummern 1 bis 8 eingetragen.

1.

In Spalte 1 ist die laufende Nummer der die Genossenschaft oder die Europäische Genossenschaft betreffenden Eintragungen einzutragen.

2.

In Spalte 2 sind unter Buchstabe a die Firma, unter Buchstabe b der Sitz der Genossenschaft oder der Europäischen Genossenschaft sowie bei einer Europäischen Genossenschaft die inländische Geschäftsanschrift und gegebenenfalls Familienname und Vorname oder Firma und Rechtsform sowie inländische Anschrift einer für Willenserklärungen und Zustellungen empfangsberechtigten Person, und die Errichtung oder Aufhebung von Zweigniederlassungen, und zwar unter Angabe des Ortes einschließlich der Postleitzahl und, falls der Firma für eine Zweigniederlassung ein Zusatz beigefügt ist, unter Angabe dieses Zusatzes, und unter Buchstabe c der Gegenstand des Unternehmens und die sich jeweils darauf beziehenden Änderungen anzugeben.

3.

In Spalte 3 sind die Bestimmungen der Satzung über die Nachschusspflicht der Mitglieder und, sofern die Satzung bestimmt, dass sich bei Beteiligung mit mehr als einem Geschäftsanteil die Haftsumme auf einen höheren Betrag als den Gesamtbetrag der Geschäftsanteile erhöht oder dass durch die Beteiligung mit weiteren Geschäftsanteilen eine Erhöhung der Haftsumme nicht eintritt, auch diese Bestimmungen der Satzung einzutragen; auch ist die Bestimmung eines Mindestkapitals in der Satzung einzutragen. Ferner sind alle Änderungen der in Satz 1 bezeichneten Bestimmungen einzutragen. Bei einer Europäischen Genossenschaft ist das Grundkapital mit dem Hinweis, dass dieses veränderlich ist, einzutragen.

4.

In Spalte 4 sind unter Buchstabe a die allgemeine Regelung zur Vertretung der Genossenschaft oder der Europäischen Genossenschaft durch die Mitglieder des Vorstands, bei einer Europäischen Genossenschaft durch die Mitglieder des Leitungsorgans oder die geschäftsführenden Direktoren sowie bei Kreditinstituten durch die gerichtlich bestellten vertretungsbefugten Personen oder die Liquidatoren und die Bestimmungen bei der Bestellung der Liquidatoren über die Form, in welcher diese ihre Willenserklärungen kundzugeben und für die Genossenschaft oder Europäische Genossenschaft zu zeichnen haben, einzutragen. Unter Buchstabe b sind die Mitglieder des Vorstands, bei einer Europäischen Genossenschaft des Leitungsorgans oder die geschäftsführenden Direktoren sowie bei Kreditinstituten die gerichtlich bestellten vertretungsberechtigten Personen und die als solche bezeichneten Liquidatoren mit Familiennamen, Vornamen, Geburtsdatum und Wohnort oder gegebenenfalls mit Firma, Rechtsform, Sitz oder Niederlassung einzutragen. Ferner ist unter Buchstabe b jede Änderung in den Personen der Mitglieder des Vorstands, bei einer Europäischen Genossenschaft des Leitungsorgans oder der geschäftsführenden Direktoren, oder der Liquidatoren einzutragen. Weicht die Vertretungsbefugnis der in Spalte 4 unter Buchstabe b einzutragenden Personen im Einzelfall von den Angaben in Spalte 4 unter Buchstabe a ab, so ist diese besondere Vertretungsbefugnis bei den jeweiligen Personen zu vermerken.

5.

In Spalte 5 sind die die Prokura betreffenden Eintragungen einschließlich Familienname, Vorname, Geburtsdatum und Wohnort der Prokuristen und die sich jeweils darauf beziehenden Änderungen anzugeben.

6.

In Spalte 6 sind unter Buchstabe a die Rechtsform, das Datum und Änderungen der Satzung sowie die Zeitdauer der Genossenschaft oder Europäischen Genossenschaft, falls diese auf eine bestimmte Zeit beschränkt ist, einzutragen. Änderungen der Satzung, die nicht die Änderung von einzutragenden Angaben betreffen, sind nur unter der allgemeinen Bezeichnung des Gegenstandes der Änderung einzutragen. Unter Buchstabe b sind die sonstigen Rechtsverhältnisse einzutragen, namentlich

aa)

die Eröffnung, Einstellung und Aufhebung des Insolvenzverfahrens sowie die Aufhebung des Eröffnungsbeschlusses; die Bestellung eines vorläufigen Insolvenzverwalters unter den Voraussetzungen des § 102 Satz 2 Nr. 2 des Gesetzes sowie die Aufhebung einer derartigen Sicherungsmaßnahme; die Anordnung der Eigenverwaltung durch den Schuldner und deren Aufhebung sowie die Anordnung der Zustimmungsbedürftigkeit bestimmter Rechtsgeschäfte des Schuldners nach § 277 der Insolvenzordnung; die Überwachung der Erfüllung eines Insolvenzplans und die Aufhebung der Überwachung;

bb)

die Auflösung, Fortsetzung und die Nichtigkeit der Genossenschaft oder Europäischen Genossenschaft; das Erlöschen der Firma, die Löschung der Genossenschaft oder Europäischen Genossenschaft sowie Löschungen von Amts wegen;

cc)

Eintragungen nach dem Umwandlungsgesetz und nach dem Sanierungs- und Abwicklungsgesetz;

dd)

die Nichtigkeit von Beschlüssen der Generalversammlung.

7.

In Spalte 7 erfolgt unter Buchstabe a die Angabe des Tages der Eintragung und unter Buchstabe b die Eintragung sonstiger Bemerkungen.

8.

Enthält eine Eintragung die Nennung eines in ein öffentliches Unternehmensregister eingetragenen Rechtsträgers, so sind Art und Ort des Registers sowie die Registernummer dieses Rechtsträgers mit zu vermerken.

§ 27 (weggefallen)

-

Anlage 1 (zu § 25)
Inhalt des Genossenschaftsregisters in spaltenweiser Wiedergabe
(Fundstelle: BGBl. I 2006, 2274)

Genossenschaftsregister des Amtsgerichts				Nummer der Firma: GnR		
Nummer der Eintragung	a) Firma b) Sitz, Niederlassung, inländische Geschäftsanschrift und empfangsberechtigte Person der Europäischen Genossenschaft, Zweigniederlassungen c) Gegenstand des Unternehmens	Nachschusspflicht, Mindestkapital; Grundkapital der Europäischen Genossenschaft	a) Allgemeine Vertretungsregelung b) Vorstand; Leitungsorgan oder geschäftsführende Direktoren der Europäischen Genossenschaft; Vertretungsberechtigte und besondere Vertretungsbefugnis	Prokura	a) Rechtsform und Satzung b) Sonstige Rechtsverhältnisse	a) Tag der Eintragung b) Bemerkungen
1	2	3	4	5	6	7

Anmerkung:	Die Kopfzeile und die Spaltenüberschriften müssen beim Abruf der Registerdaten auf dem Bildschirm stets sichtbar sein.

Anlage 2 (zu § 25)
Inhalt des Genossenschaftsregisters als fortlaufender Text

(Fundstelle: BGBl. I 2006, 2274)

Genossenschaftsregister des Amtsgerichts

Nummer der Firma: GnR

Wiedergabe des aktuellen Registerinhalts

---

1. Anzahl der bisherigen Eintragungen:
2. a)

   Firma:

   b)

   Sitz, Niederlassung, inländische Geschäftsanschrift und empfangsberechtigte Person der Europäischen Genossenschaft, Zweigniederlassungen:

   c)

   Gegenstand des Unternehmens:

3. Nachschusspflicht, Mindestkapital; Grundkapital der Europäischen Genossenschaft:

4. a)

   Allgemeine Vertretungsregelung:

   b)

   Vorstand; Leitungsorgan oder geschäftsführende Direktoren der Europäischen Genossenschaft; Vertretungsberechtigte und besondere Vertretungsbefugnis:

5. Prokura:

6. a)

   Rechtsform und Satzung:

   b)

   Sonstige Rechtsverhältnisse:

7. Tag der letzten Eintragung: